增值税法

新变化趋势与过渡期应对

郝龙航 陶伟丽 李壮葳 朱志春 王祥◎编著

中国财经出版传媒集团
中国财政经济出版社
北京

图书在版编目（CIP）数据

增值税法：新变化趋势与过渡期应对 / 郝龙航等编著 . -- 北京：中国财政经济出版社，2025.5. -- ISBN 978-7-5223-3966-5

Ⅰ.D922.229

中国国家版本馆CIP数据核字第2025WC3670号

责任编辑：孙丛丛　　　　　　　责任校对：徐艳丽
封面设计：MXK DESIGN STUDIO Q:1765628429　　责任印制：史大鹏

增值税法：新变化趋势与过渡期应对
ZENGZHI SHUIFA：XINBIANHUA QUSHI YU GUODUQI YINGDUI

中国财政经济出版社 出版

URL：http://www.cfeph.cn

E-mail：cfeph@cfemg.cn

（版权所有　翻印必究）

社址：北京市海淀区阜成路甲28号　邮政编码：100142
营销中心电话：010-88191522
天猫网店：中国财政经济出版社旗舰店
网址：https://zgczjjcbs.tmall.com

北京中兴印刷有限公司印刷　各地新华书店经销
成品尺寸：147mm×210mm　32开　9.5印张　200 000字
2025年5月第1版　2025年5月北京第1次印刷
定价：58.00元
ISBN 978-7-5223-3966-5

（图书出现印装问题，本社负责调换，电话：010-88190548）
本社图书质量投诉电话：010-88190744
打击盗版举报热线：010-88191661　QQ：2242791300

编委会

主　　编：郝龙航（北京大力税手信息技术有限公司）
　　　　　陶伟丽（河南国有资本运营集团有限公司）
　　　　　李壮葳（财税人士）
　　　　　朱志春（湖南中翰益商税务师事务所）
　　　　　王　祥（上海众慧财务咨询有限公司）
副 主 编：王　艳　刘　荣　张晓静　郝顺利　余　洋
　　　　　张宗秀　雷立平　刘　军　安庆芳　范兴茂
　　　　　胡蓉辉　王爱红　张玲玲　郝建华
编委成员：刘　剑　梅　芳　李　萍　蔡江东　杨华昌
　　　　　伍海深　王友发　刘海英　高　超　蔡　琼
　　　　　薛行生　蒋小娟　王　琼　于佩芳　王　蓓
　　　　　张志军　王书红　涂　凯　庄元红　赵述强
　　　　　段　冀　杨国涛　刘敏娟　王秀娟
指导专家：严高军　包　军　姜瀚钧　王　骏　张　妍

说 明

书中的相关法律法规与政策,除特别说明外,均指中华人民共和国境内的法律法规及相关政策。

序

《中华人民共和国增值税法》（以下简称《增值税法》）已于2024年12月25日第十四届全国人民代表大会常务委员会第十三次会议通过，从征求意见稿到正式发布，历时五年，自2026年1月1日施行。这是税收立法史上具有里程碑意义的大事，彰显了党和政府的税收治理理念。《增值税法》进一步夯实了税收法定的计税与征税基础，明确了税收立法的授权条款，减少了对国务院财政、税务主管部门的授权性规定，彰显了对纳税人权益的尊重与保护。

增值税是我国第一大税种，随着《增值税法》出台，我国现行18个税种中已有14个税种制定了法律，涵盖了绝大部分的税收收入，落实税收法定原则取得重大进展，这将给社会经济生活带来广泛而深刻的影响。对于纳税人、企业主与税务干部而言，拥抱变化，适时而思，提前规划与行动，是一门必修课，更是一门专业课。本书正是基于这一理念创作而成，旨在承上启下，为读者提供有价值的参考与明确的方向指引。

增值税计税原理比较简单，但计算过程、征管规范、票据管理却极为复杂，法规与政策纷繁多变。责任追究机制既涉及行政方面，又涉及刑事方面，税收违法案件层出不穷，"打虚打骗"从未松懈。不过，随着金税四期及数电发票的上线，全国发票信息平台的风险统筹分析更加精准，一系列团伙虚开骗税作案的风险点被发现并处理。增值税与发票紧密相连、相伴相生，我们在学习研究增值税的同时，需要结合发票的征管要求与法律风险展开探讨，这样才会更加的实用。

增值税立法除了带来新的理念与体现税收法定原则之外，在技术层面具有多方面的功能与作用，比如：

第一，整合传统增值税与"营改增"的增值税政策。传统增值税的应税范围主要是货物与提供加工、修理修配劳务，2016年全行业"营改增"的全面试点则执行着试点的政策规范，二者既有兼容之处，又存在区别。本次融合无疑将带来规则的统一与协同，减少征管过程中的规则碰撞与差异，利好征纳双方。

第二，限缩视同销售范围。笔者认为，视同销售本身就是一个"美丽的童话"，隐含着从公平税负、减少税收漏洞的角度来考虑问题，但这本身的范围过大，无形当中会造成事实上的不公平。例如，单位无偿提供服务需作增值税的视同销售计缴增值税，但实际情形呢？服务比较虚无，如何查找取证是个难题，以税务机关行政执法的力量很难穷尽这方面的应税事项，目前更多聚焦于无偿借款等账载可见事项。同时，定价标准如何确定，比如集团总部为所属分、子公司履行日常管理职责，难道要认定其为视同提供应税服务并计缴增值税吗？其中的定价标准也是个技术难题，于征纳双方而言都"难受"。既然这类事项难以穷尽，征管成本又高，且有的征了有的没征，这样的不公平带来的影响更不利于确立税收法定原则，对税务机关而言，还涉及执法职责的问题。笔者认为，考虑到这部分税收金额较小，从实际操作角度看，"多一事不如少一事"。而且，所谓的税收公平，也只是理论上的探讨，正常对于一家单位而言，经营目的并非单纯只是"做好事"。再者说，一方视同销售了，接受方是不是应允许抵扣才公平？不宜只盯着一方征税，而忽视对另一方带来的"权益"影响。况且，在当前的税收政策中，也是允许就视同销售事项开具增值税专用发票用于下一方抵扣的，这样来看，认为会造成税款流失的认识是存在理论瑕疵的。

第三，规范当前涉及的差额征税、简易计税等方式。差额征税、简易计税相当于变相地改变了增值税的链条延续与体系，更多是对特定行业事项的照顾，体现税收公平，这也是需要在法的层面进行考虑的。

第四，重新审视贷款服务的抵扣问题。在"营改增"的理论中，认为由于存款不征收增值税，从事贷款服务的机构得不到进项税额，所以贷款服务也不得抵扣。这个奇怪的理论本身忽略了基本的业务实质——提供贷款服务的销售方是否全额计缴了增值税税款，这才是问题的关键所在。至于银行等金融机构能不能抵扣、税负是多少，本身是"营改增"政策要考虑的内容。从营业税时代到增值税时代，银行的税负率可能比原有的5%或有所提高，但相应业务采购发生的进项税额可以抵扣，其税负率与营业税时代相近，那何来不得抵扣之由呢？不过"营改增"既然是试点政策，出现这样的规定也可以接受，但长此以往，不宜单纯从"多征税"的角度来考虑增值税下贷款服务的抵扣问题。

所以，站在财税人的思维与角度上思考增值税的问题，可能更多地会从计算逻辑出发；站在法律角度看待问题，则可能超越"算计"上的理解；而站在更宏观的视角看待问题，方可"政通人和"。从这一点看，增值税立法的意义显得尤为重要。

但我们也应明白，增值税立法只是第一步。立标杆、定方向之后，在这一基础上进一步打磨细化，制定相应的实施条例，明确修订征管规则与政策口径，将成为2025年国务院及国务院财政、税务主管部门的重要任务。我们热切期待，在增值税新时代下，相关部门与人员的努力付出将是锦上添花。期望《增值税法》开启一个崭新的法治时代，树立税收合规规范，发挥激励经济发展的功能。

本书拟从《增值税法》的颁布出发，站在聚焦变化、谋划未来、应对挑战的角度，基于学法、懂法、用法的"三步走"思路，希望给我们的纳税人与企业主带来知识快报，助力提前规划业务并作出有利调整安排的准备。但是大家也清楚，《增值税法》刚刚推出，后续将有一系列的配套法规与政策更新颁布。因此，本书观点是建立在我们的理解、从业的经验及解决实务问题过程中而形成的，后续需要与时俱进地关注《增值税法》的落地实施情形。谋战略、定战术，这是开始。正所谓"万事开头难"，但好的开始是成功的一半！本书将陪你一同前行，共同迎接增值税新时代的到来。

书中的内容一是结合了《增值税法》的具体条款，二是结合了笔者过往的从业经验与见解。另外，我们需要与时俱进地关注《增值税法》实施条例的制定进展，更多细化性的内容将会体现在实施条例中。但笔者认为，由于涉及增值税的政策极其庞杂，绝非一部法律及其实施条例就能完成立法任务，更多的实务性问题将会体现在后续的一系列征管、申报等文件中。但可以确定的是，"兵马未动，粮草先行"，相关纳税主体有必要提前做出预判，做好行动准备及实施筹备。

本书在写作过程中，得到了很多正能量伙伴的支持与关注，在此表达深深的感谢！另外，由于作者水平所限，书中观点与内容难免存在错误、疏漏及欠妥之处，恳请读者批评指正。希望大力税手法税办公室团队带给你原创的知识分享与惊喜。

郝龙航

2025年4月18日

目录

第一章 认识篇 ··· 001

1.1 为何要重视《增值税法》带来的潜在影响 ·············· 007

1.2 关注《增值税法》事项梳理 ······················· 011

1.3 本章小结 ······································ 016

第二章 变化篇 ··· 017

2.1 从立法说明看理念与背景 ······················· 017

2.2 原增值税税收政策与"营改增"试点政策走向统一 ·································· 027

2.3 增值税应税事项与税率表（征收率），5%何去何从 ·································· 031

2.4 对征税权的重新定义 ··························· 036

2.5 视同销售"去哪了" ················· 042
2.6 不属于应税交易的情形 ············· 049
2.7 销售额中的"隐含风险" ············· 059
2.8 不得抵扣事项发生重大调整 ········· 075
2.9 纳税人留抵税额的权益保障的进步 ··· 084
2.10 税收优惠漏洞与风险仍将存在 ······ 089
2.11 关于起征点的新理解 ·············· 099
2.12 关于扣缴义务人的法定义务掌握 ···· 107
2.13 增值税抵扣凭证依法或依国务院规定确定 ·························· 117
2.14 纳税义务发生时间与纳税期限 ······ 124
2.15 关于纳税地点 ···················· 136
2.16 关注不确定事项 ·················· 137
2.17 本章小结 ························ 139

第三章 应对篇 ·························· 143

3.1 关于贷款服务抵扣问题 ············· 143

3.2 转售餐饮服务、居民日常服务、娱乐服务抵扣是否当下可先行"纠正"不得抵扣的认识 ………… 149

3.3 视同销售，最后的"冲刺"与"机会"…… 150

3.4 关注"价外"结算款项的陷阱 ………… 166

3.5 "共用型不动产、固定资产、无形资产"抵扣考虑 …………………………………… 170

3.6 差额计税如何处理 ……………………… 172

3.7 法定扣缴义务签订合同如何防范 ……… 178

3.8 灵活用工平台频爆雷下员工身份及其非应税交易的服务体现 …………………… 181

3.9 机构间移送货物的处理 ………………… 184

3.10 对商务关系的影响 ……………………… 188

3.11 本章小结 ………………………………… 191

第四章 责任篇 ……………………………… 195

4.1 涉税计缴风险 …………………………… 198

4.2 涉票违法被追责风险 …………………… 206

　　4.3 财税人的避险考虑 ……………………… 226

　　4.4 免税情形下抵扣权益的保障空间 ………… 227

　　4.5 应开具发票而未开具发票或者提供发票
　　　　不合规情形下的经济责任追究 …………… 228

　　4.6 本章小结 ………………………………… 247

附1　中华人民共和国增值税法 ………………… 249
附2　增值税法、（草案）二次审议稿、（草案）
　　　与增值税暂行条例对照表 ………………… 261

致谢 …………………………………………… 287

第一章

认识篇

《增值税法》的颁布,具有重要的里程碑意义。这种意义并非流于形式的"口号",而是实实在在的!无论是宏观方面的,还是微观方面的,都足以令财税人、法律人、学者与专家以及企业主们由衷点赞,促使大家深入思考并更好地付诸实践。

通过查询国家税务总局官网中国人大网,从时间线上看:

2019年11月27日,国家税务总局发布《增值税法(征求意见稿)》。

2022年12月30日—2023年1月28日,增值税法(草案)在人大网征求意见,参与人数178人,意见条数430条。

2023年9月1日—2023年9月30日,增值税法(草案二次审议稿)在人大网征求意见,参与人数20 002人,意见条数24 634条。

2024年12月25日，第十四届全国人大常委会第十三次会议表决通过了《增值税法》，自2026年1月1日起施行。我国第一大税种——增值税有了专门法律，税收立法再进一程。

根据财政部国库司发布的《2024年财政收支情况》，全国税收收入174 972亿元，同期国内增值税66 672亿元，约占38.1%，这足以说明增值税在我国税收收入中举足轻重的作用与地位。国家权力机关、行政机关与司法机关在维护增值税征管秩序与打击危害增值税的违法犯罪行为方面更是日益重视。反向来看，对于纳税人与企业主而言，其纳税遵从的重要性更是不言而喻。很明显的一个现象是，因为偷逃税款被追究刑事责任的较少，但对个人因虚开增值税专用发票抵扣增值税的犯罪行为进行判处刑罚的情形较为多见，重者最高至无期徒刑，其惩罚力度可见一斑！有人言："虚开增值税专用发票犯罪并不强求结果啊，是对于破坏税收征管秩序的惩处！"其实大家稍作分析就会清楚，如果虚开的增值税专用发票不是为了抵扣增值税，只是结算款项之用，《刑法》中还能制定这么重的处罚条款吗？其核心还是带来了危害国家税收的结果，原来所谓"行为犯"之说，是说明打击的范围更为广泛。而现在趋向于"结果犯"方向考虑，是罪责刑相当的新审判思维，也一定程度上保护了纳税人及其相关责任人的权益。一定程度上看，这是时代与法治思维的进步。在增值税的征管与计缴规则中，专用发票作为其核心的保障，在增值税价值链条中起到传递进项税额的重要作用。相关法律制度保护专用发票等抵扣凭证所代表的"货币价值"，增值税专用发票的运行体系及其管理制度是增值税背后默默的

"守护者"。增值税作为我国第一大税种,更是以票管税的"表率"。最近几年来,纸质专用发票慢慢退出历史舞台,专用发票中的数据要素逐渐数字化,新时代下,以数治税将发挥着越来越大的作用。对于为增值税保驾护航的专用发票内容及其管控方式、法律保障制度等方面的内容,并未在《增值税法》中重点着墨体现。一般人看来,《增值税法》"区区"38条,在60条的《企业所得税法》面前,似乎无法坐稳"头把交椅"的位置。增值税计算的规则、复杂程度,看起来比较简单,但难就难在征管之中的"种种问题""种种责任"。所以,要"吃透"增值税,用好增值税规则,重在法律责任的防范,以及实务当中的规则应用与风险应对。

增值税立法,为什么说是一件了不起的事情呢?

第一,立法过程极为严谨且广泛吸纳民意。《增值税法》历时两年,先后两次征求意见,吸引两万多人参与,共收集到两万多条意见,民众的参与程度之高在立法活动中较为罕见。这充分彰显了立法的民主性与开放性,使得最终出台的法律能够最大限度反映社会各界的诉求。

第二,在立法内容上实现了重大突破与完善。《增值税法》并非简单地将暂行条例"包装"一下升级为法律,而是真正全面且深入地重新审视了之前条例与试点政策中的种种定义与条文表述。《增值税法》的条款表述更为精准,深刻体现了国家立法征税的先进理念。特别值得赞扬的是,在税收法定原则的落实方面,立法小组的专家们秉持坚定的法律思维,严格限制授权情形与授权行政层级。这将极大地体现税收法定之本,能够有效减少甚至避免可能出现的"扩大化立法与解释"现象，增强了税收法律的确定性，减少了随意性。同时，针对相关重要性的义务类授权情形，明确提出了备案要求。另外，对于当前的一些计税、抵扣方面的争议或不合理情形，也进行了明确且合理的调整，充分保障了纳税人的权益，赋予了纳税人权益维护的"法宝"。

第三，在实施时间的安排上科学合理。《增值税法》明确从2026年1月1日起实施，充分考虑了转换准备时间。这种准备表现在三个方面：首先，国务院组织推进增值税法实施条例的尽快出台，为法律的具体实施提供详细的操作指南；其次，国务院财政、税务主管部门将完善税收征管措施，对现行有效的规章或规范性文件进行存续调整与补充，确保税收征管工作能够与新的法律无缝衔接；最后，给予纳税人充分的时间来消化吸收新法的内容。笔者认为这是非常有必要的。尽管有的人提出："为什么有利的政策不从2025年就开始实施呢？"这是因为《增值税法》于2024年12月刚刚通过立法，如果匆匆施行，准备时间明显不足，估计政策执行方面也会比较混乱。虽然增值税不像企业所得税那样存在年度"汇算清缴"的概念，但从2026年1月1日起施行，既符合从头开始的传统思维模式，又为各方留出了充裕的工作筹备时间。

既然是第一大税种立法，增值税立法必将给税务机关与纳税人都带来比较大的影响，法律的权威性将进一步体现出党中央关于"落实税收法定原则"的改革部署。随着《增值税法》的制定出台，我国现行18个税种中已有14个税种制定了法律，涵盖了绝大部分的税收收入，这标志着落实税收法定原则取得重大进展，为我国税收法治建设奠定了更为坚实的基础。

综上所述，笔者认为，立法不单纯是技术方面的追求。除了依赖立法专家的认识水平以及人们的法律意识的增强外，更需要从适应国家的长远规划、契合当前的社会经济发展阶段与需要的角度出发进行考量，这也是政治经济学的一种体现。如果我们要全面理解《增值税法》，就需要用广阔的视角来看待与面对。如果从纯技术的角度来考虑立法问题，如有的专家提出："我们的增值税立法应多学学欧洲的增值税方面的理论与观点，毕竟人家是增值税的'先行者'，技术的'领先者'，原来我们是模仿别人引入的增值税理念，应与时俱进继续借鉴人家的先进理念！"诚然，对于优秀的理念和方法，我们理应秉持开放的态度去学习和接纳。但完全膜拜其下，并不必然。什么是中国特色？我们的产业分工与功能价值体现是符合中国经济发展规划的安排。在2016年全面实行"营改增"试点之时，有不少的专家提出欧洲对于金融业有免税政策，我们是不是也要考虑一下。这明显是空中楼阁式的想象，学术理论上的追求与现实情况之间，有时存在难以跨越的天然差距。但不可否认，理论借鉴有其价值，但应用层面更多需要考虑国家财政、行业利润与税收贡献的比例。针对增值税，还需考虑抵扣链条的延续等一系列实际问题，以及基本理念的延续性与稳定性。

本次立法中，特别明确：

第一条 为了健全有利于高质量发展的增值税制度，规范增值税的征收和缴纳，保护纳税人的合法权益，制定本法。

第二条　增值税税收工作应当贯彻落实党和国家路线方针政策、决策部署，为国民经济和社会发展服务。

上述两条款，看似与具体计税规则并无直接关联，但其指导意义重大：一是保护纳税人的合法权益，二是贯彻落实党和国家的战略部署，让税法更好地服务于经济与社会发展。要知道，《增值税法》的适用对象主要是国内的纳税人，更多是"内循环"经济交易过程中发生的涉税事项。与企业所得税不同，增值税不涉及国家与地区之间需要协调的重复征税、双重不征税的问题。其关键作用在于发挥财政收入功能，以及在鼓励与引导产业发展方面发挥积极效用。当然，增值税法的立法权，充分彰显了国家税收主权的自主性。引入增值税的理论与规则，使其适用中国特色的经济发展阶段，完善和丰富其内涵与规则体系，协同征纳双方的权利与义务，这不仅是国家主权与自信的体现，更是适应中国特色国情的必然选择。

结合笔者的从业经历，笔者认为，每一次税收上的重大立法，比如2008年《企业所得税法》实施、2019年《个人所得税法》实施，很多人似乎得了焦虑症，"拼命"地学习，总是担心学得晚了，就失去了机会、损失了利益！其实大可不必如此紧张，回顾过往，我们不是也都"轻舟已过万重山"了吗？但对于专业服务机构、企业主及企业从业人员而言，对新税收立法的理解与应对能力就是生产力的体现。提前知晓、理解与思考，进而采取恰当的、合理的行动，是可能获取利益成果的。它虽然是某个时间段的成果，对于大企业而言可能"小菜一碟"，但对于众多的中小企业而言，却可能有重大的影响。因此，笔者认为，过度焦虑是没有必要的，但技术性安排是有必要提前准备的，这里面或许蕴含着较大的利益影响的情形。另外我们常说"学以致用"，对于专业服务人而言，对学习新法律、新政策是有着高度兴趣的，但学习的目的是什么呢？是法条的比较，还是掌握一些"小道消息"？大多数的文章、培训等多是从这个角度出发的。笔者认为，这是不够的！我们需要因需而学、应需而学，无论是结合商业模式、业务流程、合同签订，还是基于税率差异适用、优惠政策适配方面，都大有文章可做。

1.1 为何要重视《增值税法》带来的潜在影响

笔者曾遇到这样一个案例，税务机关怀疑某企业可能存在虚开发票的风险，于是直接停掉了纳税人开具发票的权限，导致纳税人难以结算做生意了。与此类似，有的企业因为收到上游企业的异常凭证，主管税务机关要求其作进项税额转出，如果不转出就可能停止其发票开具权限。从这些案例来看，增值税其实并不是自身的计税规则有多复杂，而是其主动或被动的间接风险比较多，轻则影响做生意，重则可能面临着被追究刑事责任的风险。所以，重视增值税的合规计缴，是企业主日常经营中的重中之重，同时也是财务、销售等高级管理人员需重点关注的职业风险。因此，我们在态度上要重视、在专业上要掌握，不可忽视、不可轻视，保持十分谨慎的态度亦不为过！

概括来看，对于增值税，我们需要关注如表1-1所示的问题。

表1-1 关于增值税需要关注的问题

类型	风险	描述
主动性方面的风险	账外收入少缴、不缴增值税的风险	认定偷逃税款，无限期被追缴税款，加收滞纳金，处以行政罚款的风险；严重者若涉嫌逃税罪的，将被追究其逃税罪
	进项税额未恰当转出的风险	若涉及主观故意，同样面临着被认定偷逃税款的性质及相应处理
普通发票、专用发票虚开风险	增值税风险往往关联着发票风险，如赤裸裸地对外虚开发票、接受虚开发票、介绍虚开发票等	若达到条件可直接被追究刑事责任，同时被追究相应偷逃税款的行政违法责任或虚开发票行为的行政罚款处理；或者存在善意取得不合规发票的情形
商务风险	比如在商务合同中没有约定清楚是含税价还是不含税价、税率是多少，是否是"包税"情形，是否有结算前先行开具发票的要求，是否明确了收款结算时点的问题	约定不清可能带来经济纠纷，甚至打起民事官司
扣缴风险	当涉及向境外支付款项时，很有可能涉及法定扣缴义务，需要考虑商务条款的约定及其相应的法律责任适用情形	如果税务机关认定有法定扣缴义务，则可能面临着被处以行政罚款的问题，甚至涉及刑事责任
税务规划安排	因涉及多业混杂销售场景，同时又存在税率差问题，如何适配税率计缴税款存在规划空间 或者基于合理性安排搭配集团内部关联交易、利用税收优惠政策、利用小规模纳税人身份等方式整体规划降低税负率 或者基于不征税事项进行业务适配安排，以减少过程当中的增值税缴纳等情形	有必要提前规划，一是减少适用错误的问题，二是可有效优化税负成本，但前提是合法、真实

在增值税的计缴逻辑中，企业主们面临的增值税利益诱惑比较多，其核心目的多是少缴增值税。究其形式来看，无非就是账外收款少计收入、转化适用低税率或征收率收入、拆分收入等不当享受小微企业税收优惠的方式；而在进项税额方面，粗暴式的"买票抵扣"、看似情有可原的有货无票时"买票抵扣"、筹划避税情形下的利用第三方平台"空转"开具发票方式，或者利用"税收洼地"增设空壳公司增加交易环节转移纳税地与利润的方式，又或者利用诸如软件产品即征即退"虚增交易价格"逃避税方式，以及利用税收管理漏洞虚开农产品收购发票等方式虚增进项。凡此种种方式，归根结底无非就是"利字摆中间"，但若操作不当，很可能落得个"赔了夫人又折兵"的下场！因此，基于合规框架下的合理的交易框架搭建，是需要统筹安排的，而不是简单机械地套用条文，更不应编造虚假业务逃避缴纳税款。

笔者曾经遇到这样的案例：某企业老板听中介机构介绍某地有财政奖励的优惠政策，于是不远千里去当地设立了一家贸易公司。该公司采用"两头在外"的商业运行模式，在当地属于空壳型企业，没有固定的办公地址和当地的工作人员。最为主要的是，该企业在当地签订合同、开具发票、结算款项，通过"一进一出"的方式实现了在当地缴纳增值税与企业所得税。后因税务系统进行风险排查，认定其在当地设立企业的"目的"不纯，原本明明不需要这一环节的交易，却故意设立了中转环节，缺乏商业合理性，纯粹为取得当地财政奖补而来，没有实质性经营，最后要求其将之前所得到的财政奖励退回！如果遇到这样的问题，你会如何应对呢？是辩解业务真实，法无禁止即合法？还是通过个人关系进行沟通呢？这就涉及增值税的纳税地及商业合理性、业务真实性，以及企业与当地政府之间的民事关系约定与认定的问题了，需要综合应对处理！

增值税的外延风险如此普遍多样！本次立法，继往开来，笔者认为有如下方面的原因需要引起重视：

一是深度理解与掌握税收法定的权益保障理念。从《增值税暂行条例》到《增值税法》，后续从实施细则到《增值税法》的实施条例，法律的层级提升使得其严肃性和严谨性得到了极大的增强。各种兜底条款进行了缩限与严格的授权规范，这无疑充分体现了对纳税人权益的尊重与保护，更是彰显了国家立法机关对于税收法定原则的充分考量与有力保障。

二是《增值税法》条款中所涉视同交易行为的范围界定、销售额的定义、不得抵扣事项的调整表述以及留抵退税基本制度的确立等，都将对企业的经营带来实实在在的影响。这种影响需要纳税人及时关注，更要在自己的业务场景中充分地考虑与提前做好合理规划。

三是注意过渡期的风险防范事项。比如《增值税法》中对于视同交易行为的列举范围，笔者担心在新法实施前，2025年一些地方的税务机关可能对当前有纳税义务界定的无偿借款视同销售增值税的问题进行持续发力，建议纳税人单位要特别谨慎关注与调整应对。

四是有的单位通过电算化开发设置了税务管理系统，相应的规则需要提前进行调整，以利于新法实施后能够顺利切换，提前做好准备，并结合未来即将发布的实施条例继续进行具体的细化。

五是有针对性地优化生产销售架构与业务流程、交易模式及内部关联交易方式，以适配《增值税法》下的价值优化与风险防范要求，减少不必要的利益损失等。

六是对于税务机关征管部门和政策制定部门而言，《增值税法》的出台进一步巩固和夯实了增值税作为我国第一大税种的地位，这将对增值税的征管规范、流程制度以及检查标准产生较大的影响。然而，在打击增值税偷逃税款行为以及实施增值税的反避税措施方面，仍任重道远。

1.2 关注《增值税法》事项梳理

对于学习与理解《增值税法》，我们最为关注的先是其形式内容方面的变化，而这些变化的立法背景、应用实践，则值得我们时时跟踪、细细琢磨（见表1-2）。

表1-2 《增值税法》变化内容

事项	当前有效政策	《增值税法》
原增值税政策与"营改增"试点政策协同	当前"各管一摊"	合并统一，将原加工、修理修配劳务之劳务名称统称为服务
不再称呼一般纳税人	纳税人分为一般纳税人与小规模纳税人	通称为纳税人，例外规定了小规模纳税人的标准及可适用或选择的计税方式。小规模纳税人，是指年应征增值税销售额未超过五百万元的纳税人，同时授权国务院对其标准可以作出调整

续表

事项	当前有效政策	《增值税法》
征税权	对于服务征税权的描述过于宽泛，在跨境交易中争议较多	重新定义了服务的征税权问题
视同应税事项	视同销售，范围宽泛	视同应税交易，范围限缩
不属于应税交易事项	范围宽泛	范围限缩，但有可能在后续政策中进一步补充明确
交易凭证上列示税额	在消费端少有列示	进一步明确老百姓的知情权，不再遮遮掩掩。但会有小规模纳税人与一般计税方法的税额计算差异，老百姓不一定"看懂"，但并不妨碍立法的初衷与进步
混合性销售行为	目前限于"货物+服务"适用混合销售计税方式	未限定"货物+服务"范围，明确按主要业务适用税率、征收率
扣缴义务人	涉及购买方或境内代理人适用，原增值税政策与试点政策不统一	明确购买方为优先扣缴义务人，依国务院规定委托境内代理人申报缴纳税款的除外
销售额	强调价外费用为销售额的部分	不再用价外费用的称呼，改称为与应税交易相关的价款
不得抵扣事项得到调整	贷款服务不得抵扣	贷款服务抵扣不再限制
起征点	个人适用（个体工商户与其他个人即自然人，不包括一般纳税人的个体工商户）起征点，各地可在幅度范围内确定并报财政部、税务总局备案	小规模纳税人适用起征点，由国务院规定并报人大常委会备案
免税项目	避孕药品和用具	不再给予避孕药品和用具免税
纳税期限	列举了1日、3日、5日	不再有1日、3日、5日

续表

事项	当前有效政策	《增值税法》
退税权	对于纳税人留抵税额的退税权益未进行法定规定,更多是作为激励政策在阶段性使用	明确留抵税额是纳税人应收国家的债权,当期进项税额大于当期销项税额的部分,纳税人可以按照国务院的规定选择结转下期继续抵扣或者申请退还,这是一个巨大的进步
部门协同	规定了进口货物增值税由海关代征	进一步明确了海关应当将代征增值税和货物出口报关的信息提供给税务机关;并明确了相关部门支持、协助税务机关开展增值税征收管理
授权事项与范围得到限制	小规模纳税人标准由国务院财政、税务主管部门规定;涉及视同销售、不属于境内应税行为的情形可由财政税务部门扩展规定	小规模纳税人标准由国务院规定,并不再对视同交易行为、不属于境内销售行为给予其他兜底条款

当我们看到增值税立法机关的"成果"之后,相信很多人会产生尊重、敬畏之感。无论如何,我们看到了种种立法理念的进步,就是保持其明确性、稳定性及可信赖度,减少行政执法机关的"自由裁量权"。这些年来,我们看到了因为规章或规范性文件的"自由发挥",时有争议发生,甚至发生过有利益输送的问题出现。推进税收立法,功在当代,利在千秋。

《中华人民共和国立法法》明确规定:

第十一条 下列事项只能制定法律:

(一)国家主权的事项;

(二)各级人民代表大会、人民政府、监察委员会、人民法院和人民检察院的产生、组织和职权；

（三）民族区域自治制度、特别行政区制度、基层群众自治制度；

（四）犯罪和刑罚；

（五）对公民政治权利的剥夺、限制人身自由的强制措施和处罚；

（六）税种的设立、税率的确定和税收征收管理等税收基本制度；

（七）对非国有财产的征收、征用；

（八）民事基本制度；

（九）基本经济制度以及财政、海关、金融和外贸的基本制度；

（十）诉讼制度和仲裁基本制度；

（十一）必须由全国人民代表大会及其常务委员会制定法律的其他事项。

比如对于视同销售需计缴增值税的事项，如有调整或增加，明显是一种征税义务设定，后果会比较严重。因为我们日常经济生活会涉及太多的"无偿"情形，对于这种没有收到对价仍需要计税的情形，是对单位或个人的重大义务设定，需要对其进行立法限制与提前明确规范性，才符合民众的基本预期，而不是屡有打补丁的情形出现，避免出现所谓的"与民争利"情形。当某个新的业务模式或事项出现后，经充分调研认为有必要调整法律规定时，可以通过相应的立法程序进行调整，这是立法征税的基本原则。

民众关注《增值税法》，最基本的驱动力是自己会不会多缴税，或是否会少缴税，有哪些征管权利与义务的影响，当前遇到的涉税争议问题是不是可以得到解决等。对于一些服务机构的人士而言，可能会在专业性方面进行研究与探讨，加之与国际上一些国家或地区税收制度进行比较，列出来有哪些赞许之处、有哪些不足之虑等。笔者认为，我们不宜用好或不好来评价一部法律，特别是税收法律制度的制定，有两个核心目的，一个是为国聚财，保障财政收入，以及调节引导经济发展的功能；另一个是基于规则的持续性、规范化，让纳税人有一个公平的税收竞争环境，有一个明确的权益维护制度。可以说，我国的增值税制度与征管体系，是当前世界上应用范围最广、保障手段与方式最有效力、信息化水平处于领先地位的体系。经过这么多年的发展，从原来的问题频发、乱象频发到现在的法、管与治协同的体系化运行，在技术上已日渐成熟。对于所谓的税收理论的完美性追求、对于新经济模式的适应，需要与时俱进，但也不可能如某些专家期待的那样一蹴而就。从过往的暂行条例到现在的《增值税法》，不可能出现巨大的变化，为了所谓的理论完美而失去稳定性，出现巨大的理论差异，不然很可能出现"过去是不对的、错误的"，现在要"拨乱反正"之感，而民众的消化吸收也需要时间。稳步前进，不断与时俱进，于征纳双方均有利。

结合《增值税法》的变化内容,笔者认为已充分体现出了立法的进步,这是理念的进步,是确定性的进步!

1.3　本章小结

尽管《增值税法》有了非常明确与严谨的表述,但寄望其解决当前增值税实务中的所有不确定性问题、争议事项,仍有一定距离。

比如对于混合性的销售,在《增值税法》中明确按应税交易的主要业务来判断适用税率、征收率,如果不能结合量化指标确定,仅用定性描述来适用,仍存在较多的不确定性,即同时存在筹划空间与征纳争议。比如对于销售额的确定,涉及代收的款项时,是否是与应税交易相关的款项,仍将存在边界争议,如对于交易中发生的保证金,是否构成销售额,之前一些地方存在误解,近年来大家普遍认可其不属于销售额的"价外费用"。

接下来,我们需要关注后续《增值税法》实施条例的制定进展,结合对之前增值税相关政策的调整更新,从方向到细节,落实在具体的业务场景中、工作实务中,确实不是一件简单的事。本书仅仅是开了个头,希望引导大家思考、理解,无论是利益、权益,还是法律责任,这是一个新的契机,新的征程。

变化篇

值得肯定的是,本次增值税立法,并不是简单地将条例升级为法律,我们真真切切地感受到了其中的变化。这种变化涉及两方面,一方面是理念性的,另一方面是技术性的,于此我们对立法者、征求意见的参与者们表达我们的敬意。

2.1　从立法说明看理念与背景

笔者查阅了中国人大网,就相关增值税立法的修改说明与审议报告,摘录如下:

全国人民代表大会宪法和法律委员会关于《中华人民共和国增值税法（草案）》修改情况的汇报

来源：中国人大网　2024年12月25日

全国人民代表大会常务委员会：

增值税是我国第一大税种，占全国税收收入的30%左右。按照党中央关于"落实税收法定原则"的改革部署，根据全国人大常委会立法规划计划安排，国务院有关部门研究起草了增值税法草案，由国务院提请全国人大常委会审议。草案总体上按照税制平移的思路，保持现行税制框架和税负水平基本不变，将增值税暂行条例和有关政策规定上升为法律，主要对征税范围、纳税人、税率、应纳税额、税收优惠和征收管理作了规定。2022年12月，十三届全国人大常委会第三十八次会议对草案进行了初次审议。会后，法制工作委员会将草案印发各省（区、市）和部分较大的市人大、中央有关部门以及部分基层立法联系点、全国人大代表、研究机构等征求意见，在中国人大网全文公布草案征求社会公众意见。宪法和法律委员会、财政经济委员会、法制工作委员会、预算工作委员会联合召开座谈会，听取中央有关部门、全国人大代表、协会、企业、专家学者对草案的意见。宪法和法律委员会、法制工作委员会到上海、江苏、河北等地调研，听取意见；并就草案的有关问题同有关方面交换意见，共同研究。宪法和法律委员会于7月26日召开会议，根据常委会组成人员审议意见和各方面的意见，对草案进行了逐条审议。财政经济委员会、预算工作委员会、司法部、财政部、国家税务总局有关负责同志列席了会议。8月23日，宪法和法律委员会召开会议，再次进行了审议。现将增值税法草案主要问题修改情况汇报如下：

一、有的常委委员提出，为突出增值税价外税的特点，建议在交易凭证上单独列明增值税税额。宪法和法律委员会经研究，建议增加规定：增值税税额，应当按照国务院的规定在交易凭证上单独列明。

二、有的常委会组成人员建议，进一步明确简易计税的适用范围，细化完善相关规定。宪法和法律委员会经研究，建议将草案相关规定修改为：小规模纳税人以及符合国务院规定的纳税人，可以按照销售额和征收率计算应纳税额的简易计税方法，计算缴纳增值税。

三、有的常委会组成人员、地方和单位建议，将现行的小规模纳税人有关政策规定上升为法律，充实完善相关制度。宪法和法律委员会经研究，建议作以下修改：一是明确小规模纳税人的标准，年应征增值税销售额未超过五百万元的纳税人，为小规模纳税人；二是增加规定，小规模纳税人会计核算健全、能够提供准确税务资料的，可以向主管税务机关办理登记，按照一般计税方法计算缴纳增值税；三是增加规定，根据国民经济和社会发展的需要，国务院可以对小规模纳税人的标准作出调整，报全国人民代表大会常务委员会备案。

四、草案第十六条对留抵税额的两种处理方式作了规定。有的常委会组成人员、地方和专家学者建议，明确规定纳税人有权自主选择留抵税额的处理方式。宪法和法律委员会经研究，建议将相关规定修改为：当期进项税额大于当期销项税额的部分，纳税人可以选择结转下期继续抵扣或者申请退还。具体办法由国务院规定。

五、有的常委委员、地方和专家学者提出，草案授权国务院根据国民经济和社会发展需要制定增值税专项优惠政策，但未明确相关范围和要求，建议增加。宪法和法律委员会经研究，建议将相关规定修改为：根据国民经济和社会发展的需要，国务院对支持小微企业发展、扶持重点产业、鼓励创业就业等情形可以制定增值税专项优惠政策，报全国人民代表大会常务委员会备案。

六、有的常委会组成人员、地方、专家学者、社会公众建议，按照立法法的规定和税收法定原则的要求，进一步规范相关税收立法授权条款；有的提出，在规范税收立法授权的同时，也要为国务院根据经济社会发展需要相机调控留出适当空间。宪法和法律委员会经研究，建议将草案第四条（视同应税交易的兜底情形认定）、第十二条（按照差额计算销售额的特殊情况）、第十六条第二款（扣税凭证范围认定）、第十七条（不得抵扣的进项税额的兜底情形认定）、第二十九条（税款预缴的具体办法）、第三十一条（出口退免税的具体办法）等条款中对国务院财政、税务主管部门的授权性规定，调整或者明确为依照法律、行政法规或者国务院的规定确定。

此外，还对草案作了一些文字修改。

草案二次审议稿已按上述意见作了修改，宪法和法律委员会建议提请本次常委会会议继续审议。

草案二次审议稿和以上汇报是否妥当，请审议。

全国人民代表大会宪法和法律委员会

2023年8月28日

全国人民代表大会宪法和法律委员会关于《中华人民共和国增值税法（草案）》审议结果的报告

来源：中国人大网　2024年12月25日

全国人民代表大会常务委员会：

常委会第五次会议对增值税法草案进行了二次审议。会后，法制工作委员会在中国人大网全文公布草案二次审议稿，征求社会公众意见。宪法和法律委员会、法制工作委员会到广东调研，听取有关部门、企业等方面的意见。贯彻落实党的二十届三中全会决定关于"全面落实税收法定原则，规范税收优惠政策"等决策部署，国务院方面对增值税的税制要素、全面清理规范增值税优惠政策等问题进行了研究，对进一步完善增值税法草案提出了相关建议。宪法和法律委员会、法制工作委员会就草案有关问题同有关方面交换意见，共同研究。宪法和法律委员会于11

月25日召开会议，根据常委会组成人员的审议意见和各方面的意见，对草案进行了逐条审议。财政经济委员会、预算工作委员会、司法部、财政部、国家税务总局有关负责同志列席了会议。12月16日，宪法和法律委员会召开会议，再次进行了审议。宪法和法律委员会认为，草案经过两次审议修改，已经比较成熟。同时，提出以下主要修改意见：

一、有的常委委员建议，按照党的二十届三中全会决定关于"全面落实税收法定原则，规范税收优惠政策"的要求，进一步减少草案中的立法授权条款，完善税收优惠规定。宪法和法律委员会经同有关方面研究，建议删去草案二次审议稿中关于授权国务院规定视同应税交易的兜底情形、按照简易方法计税的特殊情形、按照差额计算销售额的特殊情形、放弃增值税优惠后不得享受该项优惠的期限、纳税人进行汇总纳税的审批机关等内容，改由在法律中直接作出规定，或者经清理规范后纳入税收优惠范围；同时删去个别免税项目。

二、有的意见提出，1993年全国人大常委会通过关于外商投资企业和外国企业适用增值税、消费税、营业税等税收暂行条例的决定，国务院据此对中外合作开采海洋石油、天然气增值税的计税方法等作了特别规定，建议做好衔接。宪法和法律委员会经研究，建议增加规定：中外合作开采海洋石油、天然气增值税的计税方法等，按照国务院的有关规定执行。

三、有的部门提出，实践中进口货物增值税由海关代征，与关税一并缴纳，建议做好与关税法有关规定的衔接。宪法和法律委员会经研究，建议对进口货物增值税纳税义务发生时间、税款申报缴纳期限的规定作进一步完善。

四、草案二次审议稿第三十一条第三款规定，个人携带或者寄递进境物品增值税的计征办法由国务院制定。根据有关方面的意见，宪法和法律委员会经研究，建议增加报全国人大常委会备案的规定。

此外，还对草案二次审议稿作了一些文字修改。

草案三次审议稿已按上述意见作了修改，宪法和法律委员会建议提请本次常委会会议审议通过。

草案三次审议稿和以上报告是否妥当，请审议。

全国人民代表大会宪法和法律委员会
2024 年 12 月 21 日

全国人民代表大会宪法和法律委员会关于《中华人民共和国增值税法（草案三次审议稿）》修改意见的报告

来源：中国人大网　2024 年 12 月 25 日

全国人民代表大会常务委员会：

本次常委会会议于 12 月 21 日下午对增值税法草案三次

审议稿进行了分组审议。普遍认为，草案已经比较成熟，建议进一步修改后，提请本次常委会会议表决通过。同时，有些常委会组成人员和列席人员还提出了一些修改意见和建议。宪法和法律委员会于12月22日下午召开会议，逐条研究了常委会组成人员和列席人员的审议意见，对草案进行统一审议。财政经济委员会、预算工作委员会、司法部、财政部、国家税务总局有关负责同志列席了会议。宪法和法律委员会认为，草案是可行的，同时，提出以下修改意见：

一、有的常委委员建议增加一条，对本法的立法目的作出规定。宪法和法律委员会经研究，建议增加一条，作为第一条，规定：为了健全有利于高质量发展的增值税制度，规范增值税的征收和缴纳，保护纳税人的合法权益，制定本法；同时，对草案三次审议稿第一条、第二条的顺序予以调整。

二、有的常委委员提出，境外单位和个人在境内发生应税交易的，可以委托其境内代理人申报纳税，建议予以明确。宪法和法律委员会经研究，建议采纳这一意见。

三、有的常委委员提出，草案授权国务院规定增值税起征点，应当报全国人大常委会备案。宪法和法律委员会经研究，建议采纳这一意见。

四、有的常委委员建议，在国务院制定专项优惠政策的情形中增加"公益事业捐赠"。宪法和法律委员会经研究，建议采纳这一意见。

五、有的常委会组成人员建议，根据党的二十届三中全会有关改革部署，在草案中增加清理规范增值税优惠政策的内容。宪法和法律委员会经研究，建议增加规定：国务院应当对增值税优惠政策适时开展评估、调整。

一些常委会组成人员还对做好本法实施工作、进一步深化增值税改革等提出了很好的意见建议。宪法和法律委员会研究认为，党的二十届三中全会对优化税制结构、规范税收优惠政策、完善增值税留抵退税政策和抵扣链条等作出部署。国务院有关部门要抓紧制定本法配套规定，清理规范增值税优惠政策，加强法律的宣传解读，保证本法有效实施；同时，要按照党中央关于全面落实税收法定原则，健全有利于高质量发展、社会公平、市场统一的税收制度的要求，研究推进进一步深化增值税改革，涉及修改法律的，及时提出相关建议。

经与有关部门研究，建议将本法的施行时间确定为2026年1月1日。

此外，根据常委会组成人员的审议意见，还对草案三次审议稿作了一些文字修改。

草案修改稿已按上述意见作了修改，宪法和法律委员会建议提请本次常委会会议审议通过。

草案修改稿和以上报告是否妥当，请审议。

全国人民代表大会宪法和法律委员会
2024年12月24日

从上面的内容中，我们可以进一步了解立法过程中的"所思所想"，知其然，更知其所以然！这样才能够更深入地了解《增值税法》的底层逻辑。

不过从笔者的经验来看，虽然立法背景很重要，但当落实在"白纸黑字"上面时，在老百姓的理解与基层税务机关的行政执法中，在发生争议时的司法审判中，就不一定再去深度探究立法背景的内容，而是要看写出来的文字及其可理解的程序、边界。征与不征、如何征，在我国成文法体系下，是基于对法律法规条款的文义规定展开的，有时候一句话，甚至一个字，都将在实践中发挥着巨大的作用。然而了解背景仍然很关键，它对于我们理解税法为何这样修改，将起到很好的指引作用，比只看文字理解得更为透彻，包括法理基础、纳税人权益保障方面，都会有新的认识。笔者认为，《增值税法》在纳税人权益维护层面取得了重大进展，较以往的《增值税暂行条例》以及"营改增"试点的规范性文件有显著提升。这一提升主要体现在两个方面：一方面，法律层级得以提高，过往增值税相关立法层级低于《增值税法》；另一方面，立法程序更加完善，《增值税法》弥补了过往增值税相关内容没有很好地结合和遵循立法法进行充分的论证及向公众征求意见的程序的不足。

2.2 原增值税税收政策与"营改增"试点政策走向统一

从1994年《增值税暂行条例》实施以来，以销售货物、提供加工与修理修配劳务，以及进口货物作为传统的增值税应税事项得到确立，以此为基础的增值税专用发票抵扣体系也得到了应用，从此开启了增值税与专用发票这一对"孪生兄弟"共同奔赴的征程，至今已有30年的历史，并深深地影响了国家的财政收入与分配体系、税收征管体系，也对社会经济生活产生了极大的影响。在所有的税种当中，恐怕只有增值税才有这个"待遇"，并逐渐成为我国的第一大税种。而对于纳税人而言，增值税的合规管理与风险应对，似乎就一直没有停止过，特别是涉及法律责任的追究方面，因为涉及虚开专用发票抵扣增值税、骗取出口退税情形下触犯刑事责任被判处刑罚的大有人在，严重者历史上被判处了死刑、无期徒刑，这一方面说明了增值税税收收入的重要性。另一方面也是为了维护增值税的征管秩序，国家在行政与司法领域投入了大量的人力物力，包括税警等多部门联合办案、相互协作，以及税务部门持续推进的金税工程，其重点就在于增值税专用发票的管理、监管。当下正在实施的数电发票"金税四期"，已开启"数电发票应用，全国一张网"的大数据时代。

需要特别指出的是，依据《中华人民共和国刑法修正案（八）》，自2011年5月1日起，虚开增值税专用发票犯罪中废除了死刑，具体对照如表2-1所示。

表2-1　《中华人民共和国刑法修正案（八）》对虚开增值税专用发票罪的改动

条款	修正案（八）前	修正案（八）	现有效条款
第二百零五条	第二百零五条　虚开增值税专用发票或者虚开用于骗取出口退税、抵扣税款的其他发票的，处三年以下有期徒刑或者拘役，并处二万元以上二十万元以下罚金；虚开的税款数额较大或者有其他严重情节的，处三年以上十年以下有期徒刑，并处五万元以上五十万元以下罚金；虚开的税款数额巨大或者有其他特别严重情节的，处十年以上有期徒刑或者无期徒刑，并处五万元以上五十万元以下罚金或者没收财产。 有前款行为骗取国家税款，数额特别巨大，情节特别严重，给国家利益造成重大损失的，处无期徒刑或者死刑，并处没收财产。	三十二、删去刑法第二百零五条第二款。 三十三、在刑法第二百零五条后增加一条，作为第二百零五条之一："虚开本法第二百零五条规定以外的其他发票，情节严重的，处二年以下有期徒刑、拘役或者管制，并处罚金；情节特别严重的，处二年以上七年以下有期徒刑，并处罚金"	第二百零五条　[虚开增值税专用发票罪] 虚开增值税专用发票或者虚开用于骗取出口退税、抵扣税款的其他发票的，处三年以下有期徒刑或者拘役，并处二万元以上二十万元以下罚金；虚开的税款数额较大或者有其他严重情节的，处三年以上十年以下有期徒刑，并处五万元以上五十万元以下罚金；虚开的税款数额巨大或者有其他特别严重情节的，处十年以上有期徒刑或者无期徒刑，并处五万元以上五十万元以下罚金或者没收财产。 单位犯本条规定之罪的，对单位判处罚金，并对其直接负责的主管人员和其他直接责任人员，处三年以下有期徒刑或者拘役；虚开的税款数额较大或者有其他严重情节的，处三年以上十年以下有期徒刑；虚开的税款数额巨大或者有其他特别严重情节的，处十年以上有期徒刑或者无期徒刑。 虚开增值税专用发票或者虚开用于骗取出口退税、抵扣税款的其他发票，是指有为他人虚开、为自己虚开、让他人为自己虚开、介绍他人虚开行为之一的。

续表

条款	修正案（八）前	修正案（八）	现有效条款
第二百零五条	单位犯本条规定之罪的，对单位判处罚金，并对其直接负责的主管人员和其他直接责任人员，虚开的税款数额较大或者有其他严重情节的，处三年以下有期徒刑或者拘役；虚开的税款数额巨大或者有其他特别严重情节的，处十年以上有期徒刑或者无期徒刑。虚开增值税专用发票或者虚开用于骗取出口退税、抵扣税款的其他发票，是指有为他人虚开、为自己虚开、让他人为自己虚开、介绍他人虚开行为之一的	"单位犯前款罪的，对单位判处罚金，并对其直接负责的主管人员和其他直接责任人员，依照前款的规定处罚"	第二百零五条之一 [虚开发票罪] 虚开本法第二百零五条规定以外的其他发票，情节严重的，处二年以下有期徒刑、拘役或者管制，并处罚金；情节特别严重的，处二年以上七年以下有期徒刑，并处罚金。单位犯前款罪的，对单位判处罚金，并对其直接负责的主管人员和其他直接责任人员，依照前款的规定处罚

这是法治进步的一种重大体现，特别是对于经济类犯罪废除死刑，体现了对生命的尊重，也说明了对于增值税发票管控能力的持续提升。

有一些人可能没有特别注意，2017年10月30日，国务院第191次常务会议通过了《国务院关于废止〈中华人民共和国营业税暂行条例〉和修改〈中华人民共和国增值税暂行条例〉的决定》，当时已对原增值税征税事项与"营改增"试点政策进行了上位法的"合并"，但合并归合并，基本上仍然是"各走各的路"，特别是在实体法计税规则方面有着比较明显的差异，至于申报、开具发票等事项，本身使用的仍是一套系统。

显然，本次《增值税法》的使命之一就是结束并行现状，将理论体系、计征规则统一整合，这样既能减少理论上的"矛盾与差异"，也有利于征纳双方减少管理成本，实现管理规则协同，同时发挥出信息化管理的便利。

说到差异，较为明显的例子是对视同销售的认识：原增值税体系下规定以货物投资是视同销售需要计缴增值税，而"营改增"政策下却认为投资是正当的销售行为，换回来的不是货币，是投资股权或份额而已，这是人的观念认识的差异。再如原增值税征管认识中认为要凭专用发票抵扣增值税，支付的款项必须要对应，否则不允许抵扣，诸如三方抵账，这类情形就要非常谨慎。尽管现实中这样的案例不多，但确实是一个"抓手"，而"营改增"的政策口径中就没有这样的约束。这一方面说明了原增值税的发展历程之"艰难"，因为其设置的计缴与征管规则屡受挑战，在历史的发展过程中，不得不采取一些"特别措施"；

另一方面也说明在信息化监管手段缺失的历史条件下，某些看似"笨办法"实属权宜之策。我们不应以今否古地指责前人管理水平不足，试想若置身当时情境，又能设计出怎样更优的方案呢？

2.3 增值税应税事项与税率表（征收率），5%何去何从

近年来，我们国家为激励经济发展，应对疫情影响，不断地调整降低税率，比如销售货物从原来的17%调整为当前的13%。现行增值税的税率规定与《增值税法》的税率规定如表2-2所示。

表2-2　现行增值税税率与《增值税法》税率

情形	现行增值税税率		《增值税法》税率
	细分		第十条　增值税税率：
原增值税事项	销售货物、进口货物13%		（一）纳税人销售货物、加工修理修配服务、有形动产租赁服务，进口货物，除本条第二项、第四项、第五项规定外，税率为百分之十三。 （二）纳税人销售交通运输、邮政、基础电信、建筑、不动产租赁服务，销售不动产，转让土地使用权，销售或者进口下列货物，除本条第四项、第五项规定外，税率为百分之九： 1.农产品、食用植物油、食用盐 2.自来水、暖气、冷气、热水、煤气、石油液化气、天然气、二甲醚、沼气、居民用煤炭制品
	销售或者进口下列货物，税率为9%： 1.粮食等农产品、食用植物油、食用盐 2.自来水、暖气、冷气、热水、煤气、石油液化气、天然气、二甲醚、沼气、居民用煤炭制品 3.图书、报纸、杂志、音像制品、电子出版物 4.饲料、化肥、农药、农机、农膜 5.国务院规定的其他货物		
	加工、修理修配劳务13%		
	纳税人出口货物，税率为零；但是，国务院另有规定的除外		

续表

现行增值税税率	《增值税法》税率
"营改增"试点政策	（一）纳税人发生应税行为，除本条第（二）项、第（三）项、第（四）项规定外，税率为6% （二）提供交通运输、邮政、基础电信、建筑、不动产租赁服务，销售不动产，转让土地使用权，税率为9% （三）提供有形动产租赁服务，税率为13% （四）境内单位和个人发生的跨境应税行为，税率为零。具体范围由财政部和国家税务总局另行规定	3.图书、报纸、杂志、音像制品、电子出版物 4.饲料、化肥、农药、农机、农膜 （三）纳税人销售服务、无形资产，除本条第一项、第二项、第五项规定外，税率为百分之六 （四）纳税人出口货物，税率为零；国务院另有规定的除外 （五）境内单位和个人跨境销售国务院规定范围内的服务、无形资产，税率为零

上面提到的是一般计税方法下的增值税税率，对于大家比较熟悉的、大多数小微企业适用的小规模纳税人，适用简易计税办法的征收率一般是3%。《增值税法》保留3%的征收率，规定"适用简易计税方法计算缴纳增值税的征收率为百分之三"，而现在是优惠期按1%计缴。有人担心，1%的优惠政策会不会由此消失了呢？这会不会改变呢？

财政部 税务总局关于增值税小规模纳税人减免增值税政策的公告

财政部 税务总局公告2023年第19号

为进一步支持小微企业和个体工商户发展，现将延续小规模纳税人增值税减免政策公告如下：

一、对月销售额10万元以下（含本数）的增值税小规模纳税人，免征增值税。

二、增值税小规模纳税人适用3%征收率的应税销售收入，减按1%征收率征收增值税；适用3%预征率的预缴增值税项目，减按1%预征率预缴增值税。

三、本公告执行至2027年12月31日。

特此公告。

财政部 税务总局
2023年8月1日

《增值税法》已经明确：

第二十五条　根据国民经济和社会发展的需要，国务院对支持小微企业发展、扶持重点产业、鼓励创新创业就业、公益事业捐赠等情形可以制定增值税专项优惠政策，报全国人民代表大会常务委员会备案。

国务院应当对增值税优惠政策适时开展评估、调整。

从上述条款来看，相应优惠政策的制定权限是由国务院来提出的，并完善了备案要求。现行小微企业增值税优惠政策是国务院财政、税务主管部门依据国务院的批准发布的，对于纳税人而言，"有优惠政策就行，不用管是哪个部门发布的！"但我们要理解立法的意义与程序的规范性问题，明确行政管理部门的职责所在。

据笔者观察，上述优惠政策确实给小规模纳税人带来了"实实在在"的利益，再加上企业所得税方面给予小型微利企业5%的计税优惠，让很多企业主释怀。而只要成为一般纳税人，哪怕收入没有作为小规模纳税人的企业高，增值税也无法享受1%的优惠。因为优惠政策只给予了小规模纳税人，而一般纳税人销售货物的税率是13%、销售服务的税率是6%，如果相应的进项税额比较少，其增值税税负自然"较重"，这就是为什么很多老板喜欢作为小规模纳税人的原因。特别是对于小型企业而言，采购渠道零星，存在一些无法取得发票或者能提供发票但需要另加"税点"的情形，进项税额并没有想象的那样容易取得。再者说，就算自己"掏税点"取得进项，也是需要支付出去进项税额的款项才换来抵扣的进项税额。如果为了抵扣进项去购置一堆无用的东西，以为抵扣可少缴、不缴增值税，没有半点意义，因为本身也是自己花钱"买进来"的进项。

或许有人提出："一般纳税人的税负还是比较重，税率能不能再降一些？"目前来看，当税率写入《增值税法》之后，与原来《增值税暂行条例》的立法层级不一样了。原来国务院就可以有权限对条例内容进行调整，现在权限收至全国人大，一是刚进行立法，二是调整程序也将更为严谨，并且需要时间，短期内是很难进行调整了。因此，对于一般纳税人而言，其增值税税负的优化，不要寄希望于税率的降低，而是要综合业务模式及其流程、交易架构安排等，适配相应的增值税计税规则、优惠政策，合规地进行优化。

另外，"营改增"试点政策中有按5%征收率简易计税的情形,对于5%征收率会不会保留,以及对于相应的业务是不是会带来影响,这是需要评估的。《增值税法》中没有提及5%的征收率简易计税的情形,这很可能出于"营改增"试点政策中从营业税到增值税转换中税负平衡的特殊考虑,5%征收率的历史使命很可能就此终结。但是,《增值税法》规定中外合作开采海洋石油、天然气增值税的计税方法等,按照国务院的有关规定执行。在《全国人民代表大会宪法和法律委员会关于〈中华人民共和国增值税法(草案)〉审议结果的报告》中有提到:

> 有的意见提出,1993年全国人大常委会通过关于外商投资企业和外国企业适用增值税、消费税、营业税等税收暂行条例的决定,国务院据此对中外合作开采海洋石油、天然气增值税的计税方法等作了特别规定,建议做好衔接。宪法和法律委员会经研究,建议增加规定:中外合作开采海洋石油、天然气增值税的计税方法等,按照国务院的有关规定执行。

当前,合作油(气)田销售原油、天然气的征收率是5%,预测这一简易计税方式很可能延续,并将在国务院层面进行明确。

综上所述,《增值税法》承继了原增值税的税率水平,并考虑了就优惠政策对国务院的授权安排,其中一个明显的事项是5%征收率的问题,这一点值得我们密切关注。当前适用5%征收率的业务(这包括小规模纳税人,也包括一般纳税人中选择5%征收率简易计税的情形),一方面,"营改增"试点政策已完成了其历史使命;另一方面,增值税立法体系不再考虑试点的特殊情形。因此,对相关行业的影响应引起重视。

2.4 对征税权的重新定义

征税权一方面代表国家税收主权与自主独立性，同时也需要考虑国际上的彼此协同关系；另一方面又涉及计缴税款、扣缴税款的一系列现实问题。

《增值税法》规定：

第三条 在中华人民共和国境内（以下简称"境内"）销售货物、服务、无形资产、不动产（以下称"应税交易"），以及进口货物的单位和个人（包括个体工商户），为增值税的纳税人，应当依照本法规定缴纳增值税。

销售货物、服务、无形资产、不动产，是指有偿转让货物、不动产的所有权，有偿提供服务，有偿转让无形资产的所有权或者使用权。

第四条 在境内发生应税交易，是指下列情形：

（一）销售货物的，货物的起运地或者所在地在境内；

（二）销售或者租赁不动产、转让自然资源使用权的，不动产、自然资源所在地在境内；

（三）销售金融商品的，金融商品在境内发行，或者销售方为境内单位和个人；

（四）除本条第二项、第三项规定外，销售服务、无形资产的，服务、无形资产在境内消费，或者销售方为境内单位和个人。

这里需要明确两个事项：

一是《增值税法》中"应税交易"的统称，原来多称为"应税销售行为"。从"行为"到"交易"，更为符合业务的表述。本来增值税就需要考虑销售额来计缴的，而不仅仅看行为，在法律用语上更为通俗且准确。要说与之前是否产生了差异变化，笔者认为并没有发生实质性的变化。但在法律上，事关发票违法犯罪中行为犯与结果犯的适用与争议，历来就在学界、司法系统与实务界存在着一些不同的理解与应用实践。随着《最高人民法院 最高人民检察院关于办理危害税收征管刑事案件适用法律若干问题的解释》（法释〔2024〕4号）的颁布以及最高人民法院、最高人民检察院对其的解读，虚开增值税专用发票犯罪已从过去单纯的行为犯向结果犯认识转变，而对于虚开增值税普通发票犯罪，目前则倾向于是行为犯。再回到增值税应税交易的表述上，交易本身是有对价考虑的，或者应当是有对价的，交易对价产生了"销售额"，这才是计税的基础。如果仅仅认为发生了某种行为，就产生了纳税义务，还是存在一些片面性，也难为民众所理解。

二是不再有劳务之称。之前理论上提供加工、修理修配业务被称为"应税劳务"，而"营改增"试点下称营业税的劳务为服务，主要是利于试点政策上的区别，以免引起政策适用混淆，这是非常有必要的。现在统一称为服务了，不再用劳务的称呼了，形式上的统一，说明了政策的统一。

什么是在境内发生应税交易？它与之前相比有哪些变化？我们一起来比较一下（见表2-3）。

表2-3 境内发生应税交易政策变化

原增值税政策	"营改增"试点政策	《增值税法》规定
第八条① 条例第一条所称在中华人民共和国境内（以下简称境内）销售货物或者提供加工、修理修配劳务，是指： （一）销售货物的起运地或者所在地在境内； （二）提供的应税劳务发生在境内	第十二条② 在境内销售服务、无形资产或者不动产（自然资源使用权除外）的销售方或者购买方在境内，是指： （一）服务（租赁不动产除外）或者无形资产（自然资源使用权除外）的销售方或者购买方在境内； （二）所销售或者租赁的不动产在境内； （三）所销售自然资源使用权的自然资源在境内； （四）财政部和国家税务总局规定的其他情形 第十三条 下列情形不属于在境内销售服务或者无形资产： （一）境外单位或者个人向境内单位或者个人销售完全在境外发生的服务； （二）境外单位或者个人向境内单位或者个人销售完全在境外使用的无形资产； （三）境外单位或者个人向境内单位或者个人出租完全在境外使用的有形动产； （四）财政部和国家税务总局规定的其他情形	第四条 在境内发生应税交易，是指下列情形： （一）销售货物的，货物的起运地或者所在地在境内； （二）销售或者租赁不动产、转让自然资源使用权的，不动产、自然资源所在地在境内； （三）销售金融商品的，金融商品在境内发行，或者销售方为境内单位和个人； （四）除本条第二项、第三项规定外，销售服务、无形资产的，服务、无形资产在境内消费，或者销售方为境内单位和个人

---

① 《中华人民共和国增值税暂行条例实施细则》。
② 财税〔2016〕36号，即《财政部 税务总局关于全面开展营业税改征增值税试点的通知》。

大家可以发现，从原来"提供的应税劳务发生在境内"到"营改增"试点政策中的"服务购买方在境内"，这是一个极大的反转性表述。提供的应税劳务发生在境内，如境外单位或个人来境内提供加工、修理修配劳务，而如果将物品发往境外进行维修的话，不存在我国征收增值税的情形。在"营改增"试点政策中，境外单位在境外向境内单位提供服务，由于购买方在境内，则视为在境内发生应税行为，需要境内方扣缴对方增值税，由此引起了比较多的疑惑与争议。争议的技术焦点主要在于是否满足"完全在境外发生的服务"这一条件，只有满足才不属于在境内发生应税行为；而只要有一点不满足，则视为在境内发生应税行为。笔者发现，甚至各地的税务机关对这个问题的理解也存在差异，但目前不再涉及附加税费的附征问题①。从以"购买方在境内"作为判断条件，到《增值税法》下

---

① 《中华人民共和国城市维护建设税法》规定：

第三条　对进口货物或者境外单位和个人向境内销售劳务、服务、无形资产缴纳的增值税、消费税税额，不征收城市维护建设税。

《财政部　税务总局关于城市维护建设税计税依据确定办法等事项的公告》（财政部　税务总局公告2021年第28号）规定：

一、城市维护建设税以纳税人依法实际缴纳的增值税、消费税税额（以下简称两税税额）为计税依据。

依法实际缴纳的两税税额，是指纳税人依照增值税、消费税相关法律法规和税收政策规定计算的应当缴纳的两税税额（不含因进口货物或境外单位和个人向境内销售劳务、服务、无形资产缴纳的两税税额），加上增值税免抵税额，扣除直接减免的两税税额和期末留抵退税退还的增值税税额后的金额。

直接减免的两税税额，是指依照增值税、消费税相关法律法规和税收政策规定，直接减征或免征的两税税额，不包括实行先征后返、先征后退、即征即退办法退还的两税税额。

二、教育费附加、地方教育附加计征依据与城市维护建设税计税依据一致，按本公告第一条规定执行。

以"在境内消费"作为判断标准,这是一种较为合理的转变。因为反向举证服务"完全在境外发生",有时是一件难度很大的事。在境内消费,相当于在境内使用了相应的服务成果,基于此境外单位或个人向境内收款,要求其计缴增值税,这是比较顺理成章的。从原来的"双条件"综合评价到现在的"单条件",不失为一种"明智"且"通俗"的办法,看似征税数少了,但减少了争议与管理成本,利于国际贸易的发展。

或许有人提出:"这样是不是会影响我们国家的税收主权,税会收少了?"这里要考虑的绝非我们少收了多少钱的问题,而是需要一个"公允的规则",也是对等的规则,尽管其他国家或地区存在没有增值税的情形,而且几乎相应的税收协定或安排也没有考虑增值税的抵免问题。因此,于境外单位或个人纳税人而言,"羊毛出在羊身上",无非其要求境内购买方"包税"处理,且这种情形又是非常普遍。所以,规则的公平性、利益的匹配度、国家征税权的边界,并结合跨境交易与投资的引导政策,这是一个综合性的需要平衡的问题。

但是,这里其实有一个技术上的漏洞,也就是说,在纳税人为了减少风险"愿意"承担所应扣缴的增值税时,反而于纳税人很可能是有利的。

【案例2-1】甲公司向境外支付服务费净额100万元,若只涉及增值税,不涉及所得税,按税率计算需扣缴的增值税为6万元,甲公司准备了相应的书面合同、付款证明和境外单位的对账单及发票,6万元可以计入当期抵扣。若当期无其他进项税额,当期销项税额为10万元。

分析： 当期应纳税额=10-6=4（万元），附加税费综合率为12%，则附加税费为4×12%=0.48（万元）。但当我们假设企业未扣缴6万元时，应纳税额为10万元，附加税费为1.2万元，这说明了"花出去6万元应扣缴也可折扣的增值税，得到了抵扣附加税费的价值"，究其原因为扣缴增值税时并不需附加计缴附加税费。

有的人士可能会提出，照上面所说，不扣缴看来还不利了，没有条件我们也要创造条件硬扣缴如何？为此笔者建议：

一是合规判断，明知不该扣缴而扣缴，也是一种不恰当的涉税处理。

二是需要结合合同约定的义务，不宜以境外单位或个人不懂税法改变而仍按照原来的方式要求扣缴，凡事还是以"诚"为导向。

三是如果公司的业务并不是需要抵扣的事项，比如是用于简易计税、免税业务的，此时扣缴所带来的意义就没有了，因为不参与抵扣。同时，这样的税款计入成本费用并在企业所得税税前扣除，还可能不予认可，因为这是为"第三方"承担的税款，或者是与自己不相关的成本费用，不让税前扣除也属正常之举。

《增值税法》下征税权的"表述调整"，其实暗含着对税收理念的理解层次与理解视角的调整，我们不宜以收税多少"定英雄"，也不宜过度使用税收政策来投机。在税法的应用层面，我们需要结合事实与合理性来作常识判断，而不是直接就来套用税法的条文。

2.5　视同销售"去哪了"

视同销售犹如一柄"达摩克利斯之剑",令众多纳税人如鲠在喉——明明未实际取得收入,却为何非要被认定为应税收入呢?甚至有时还可以被定性为偷税?在增值税、企业所得税的规定中,视同销售是一个很常见的概念,它并不关注双方是不是关联方关系,对于非关联方也是一样的"大杀四方"。而且据笔者预测,2025年增值税的一些视同销售事项,有可能是"最后的疯狂",也有可能是"慢慢老去"。

在《增值税法》中不再使用视同销售的表述,转而表述为"视同应税交易",其适用范围已大大被缩小。笔者发现,有人士认为,视同销售不会这么容易缩减消失的,很可能在增值税的实施条例中延续。而上述所说的视同应税交易,用的是"应税交易"新表述,果真如此吗?笔者认为是不可能了。考虑到《增值税法》中以应税交易来表述应税事项,自然视同应税交易就是原来视同销售语境下延伸过来的事项。笔者非常赞赏能在《增值税法》中明确视同应税交易:首先,它的表述非常易于理解,视同销售会给人一种误解,如果是"视同应税销售"或可以较好地明确税法的独立性与优先性。其次,减少了在未来实施条例当中进行范围扩大的可能,限缩视同应税交易情形的范围,是非常有必要的。不宜认为"因为存在税收漏洞就采取普遍性的征税措施",加之很多情形既普遍存在,又查不完全，这样形成了对于缴税者的不公平，以及对税法刚性理解的误解。与其这样，不如放弃将其确定为应税事项为宜。最后，我们在考虑视同销售的时候，是不是有必要考虑一下"取得视同销售结果"的一方，不然只形成一方的视同销售义务，而另一方的视同销售权利呢？尽管这是个理论性的讨论，但不可否认，当产生销售税额之后，在抵扣链条上需要关注抵扣的延伸，但这样将造成相关方的民事利益纠葛，即要不要结算税款的问题。笔者发现，关注这个问题的人士甚少（见表2-4）。

表2-4　　　　"视同销售"政策变化

原增值税政策	"营改增"试点政策	《增值税法》规定
第四条　单位或者个体工商户的下列行为，视同销售货物： （一）将货物交付其他单位或者个人代销 （二）销售代销货物 （三）设有两个以上机构并实行统一核算的纳税人，将货物从一个机构移送其他机构用于销售，但相关机构设在同一县（市）的除外 （四）将自产或者委托加工的货物用于非增值税应税项目 （五）将自产、委托加工的货物用于集体福利或者个人消费 （六）将自产、委托加工或者购进的货物作为投资，提供给其他单位或者个体工商户 （七）将自产、委托加工或者购进的货物分配给股东或者投资者 （八）将自产、委托加工或者购进的货物无偿赠送其他单位或者个人	第十四条　下列情形视同销售服务、无形资产或者不动产： （一）单位或者个体工商户向其他单位或者个人无偿提供服务，但用于公益事业或者以社会公众为对象的除外 （二）单位或者个人向其他单位或者个人无偿转让无形资产或者不动产，但用于公益事业或者以社会公众为对象的除外 （三）财政部和国家税务总局规定的其他情形	第五条　有下列情形之一的，视同应税交易，应当依照本法规定缴纳增值税： （一）单位和个体工商户将自产或者委托加工的货物用于集体福利或者个人消费 （二）单位和个体工商户无偿转让货物 （三）单位和个人无偿转让无形资产、不动产或者金融商品

新法规定表述简明扼要，《增值税法》没有留"其他条款"，就是三种视同应税交易情形及名字作了修改，从视同销售到视同应税交易，与销售额的定义相适配。相较于当前复杂的视同销售所列举的情形，采取了一种"不贪恋，不保留"的态度，相当值得点赞。于是有人就担心了，这有税收漏洞啊，容易有人利用此漏洞对外无偿提供服务规避纳税义务，这是对税收规则的破坏！笔者认为，法无绝对的理论完美，它的作用是适用于当前的社会经济生活，并且宜中性地思考问题。既然法律是这样定的，就不要纠结于其是否存在税收漏洞了，这个漏洞就是"大大方方"给出来的，愿意无偿服务就无偿服务，而站在国家的层面，增值税是链条式延伸的，至少在销售与抵扣的链条下，国家的税收利益未受到损害。如果我们再以存在税收漏洞的理论来为其"辩解"，其实是基于单边征税的一种思维，完全没有必要做这个增量。再者说服务本身是虚无的，无偿转让服务的应用场景并不见得那么多，加上其对于进项的消耗并不直接，也就是说不太会因此采购的进项用于抵扣其他应税销项税额去了。而对于货物，就不一样了，无偿转让货物的动机是大量存在的，而如果让其抵扣了进项，又没有对应的销项产生，相当于对应货物的进项会抵扣其他应税收入的销项税额，产生了抵扣的不平衡。比如对外赠送的礼品，一方面视同应税交易，另一方面虽然没有明说，但笔者认为如果下游取得抵扣凭证的话，即使下游并不需要支付对价，仍是可以抵扣的。但似乎又没有视同应税交易的一方愿意给别人做这个利益"传递"。如果下游做了这样的分录（假设税额为100元）：

借：应交税费——应交增值税（进项税额）　　100

　　贷：营业外收入　　　　　　　　　　　　　　100

100元需要计入所得税收入，这样记录才能平了这个账；又或者记入应付款项，这是会计上借贷平衡的逻辑规范。

《国家税务总局关于增值税若干征收问题的通知》（国税发〔1994〕122号）第三条规定：

三、关于无偿赠送货物可否开具专用发票问题

一般纳税人将货物无偿赠送给他人，如果受赠者为一般纳税人，可以根据受赠者的要求开具专用发票。

对于这个意见，笔者是特别赞同的，这也是增值税的计缴与抵扣逻辑的基本原则。从国家层面讲，体现税收的平衡与良好的秩序，比"过家家"多要"两块糖"更为有意义。

《增值税法》下的视同应税交易的规定：

（一）单位和个体工商户将自产或者委托加工的货物用于集体福利或者个人消费；

（二）单位和个体工商户无偿转让货物；

（三）单位和个人无偿转让无形资产、不动产或者金融商品。

很明显，自产或委托加工的货物用于集体福利或者个人消费，是因为到了消费的终端，在终端还是要体现出来单位和个体工商户有负税的结果；个人自然人无偿转让货物，承原

规定处理方式，一样不形成视同应税交易。转让无形资产、不动产好理解，对于金融商品，似乎民众并不一定清楚，在财税〔2016〕36号文件（以下简称"36号文件"）中提到：

4.金融商品转让。

金融商品转让，是指转让外汇、有价证券、非货物期货和其他金融商品所有权的业务活动。

其他金融商品转让包括基金、信托、理财产品等各类资产管理产品和各种金融衍生品的转让。

有人注意到了规定中提到的是"无偿"转让情形："我能否按1元进行转让呢？这就不是无偿了！"《增值税法》中有一个兜底性质的条款：

第二十条　销售额明显偏低或者偏高且无正当理由的，税务机关可以依照《中华人民共和国税收征收管理法》和有关行政法规的规定核定销售额。

关于有何标准、如何核定，这是现实当中的难题。一是市场经济中，促销、打折在直播带货、销售活动中屡见不鲜，似乎不打折就很不正常一样，既然市场价格千变万化，那么什么是"明显偏低或者偏高"呢？比如一元钱抢购饮料，活动数量为100个，这时税务机关是不是可以认为偏低从而进行调整呢？完全有理由可以调整的，此时纳税人可能进行反驳："没看我们是在促销吗？你平时在网上是不是也经常购买打折商品？这是为了拉流量啊，将来卖得多了，钱一样能挣回来，税也能多缴的!"这是不是也是正当的理由呢?谁愿意赔钱做生意?谁不想买点物美价廉的商品呢?因为不打折、不促销,光有一个高价格、公允价格,这只是自己心目中的公允价值,真正能变现的才是市场可变现价值。尽管有被调整的风险,但在笔者的从业经历中,作为税务干部而言,绝大多数是理解纳税人有这样的市场促销大降价的行为的,甚少核定销售额。但如果是点对点地转让给某个人,比如公司将货物超低价转让给股东,这时就容易被质疑价格明显偏低,从而发生核定应税价格的问题。

在当前规定中,对于视同销售中"将货物交付其他单位或者个人代销"与"销售代销货物"两种情形,更是没有存在的必要。当前规定主要是基于增值税链条的延续,避免代销方中间隔断了增值税发票的链条。或许在当时的背景下,是有必要的,但现在这个问题基本不存在了。现实当中,通过层层销售完成增值税的抵扣传递,一层一层地开具发票,而如果提供代销业务的主体只是一个协助展示的平台,其向购买方或销售方收取相应服务费,销售行为建立在被代理销售的一方与购买者之间。对于代销方收取手续费的情形,有时就会面临着被要求视同销售计税的情形,为此财政部、税务总局专门对此进行了相应的规定,《财政部 国家税务总局关于增值税、营业税若干政策规定的通知》(财税字〔1994〕26号)规定:

五、关于代购货物征税问题

代购货物行为,凡同时具备以下条件的,不征收增值税;不同时具备以下条件的,无论会计制度规定如何核算,均征收增值税。

（一）受托方不垫付资金；

（二）销货方将发票开具给委托方，并由受托方将该项发票转交给委托方；

（三）受托方按销售方实际收取的销售额和增值税额（如系代理进口货物则为海关代征的增值税额）与委托方结算货款，并另外收取手续费。

当时是存在营业税的，不过这样规定也是为了帮助纳税人解决增值税视同销售的义务。记得"营改增"之前有专家提出："如果是代销作了视同销售处理，代销方取得的手续费还要再计缴一遍营业税！"笔者并不同意这样的观点，整体上不宜对一个行为征收两遍流转税吧！"营改增"之后，这种争议也就不存在了。《增值税法》不再对此情形规定为视同交易行为，是尊重市场，由市场自行调节的行为，增值税链条自会延续，只是不由代销方延续而已，为何一定要求代销方来延续呢？这本身就是一种机械式的理解。不过从事代销行为的主体，仍要特别注意其商务合同内容的表述一定要明确，不要对自己的身份模糊化处理，比如，合同名称签订为《代理销售合同》，就容易引起误解；再如，银行营业部中为黄金等销售商展示的黄金饰品，就需要考虑其本身是购入后再销售，还是仅提供物理空间所进行的撮合交易，其相关税务处理是有着根本不同的。

当下，基于企业所得税、个人所得税的反避税措施越来越完善，要求与流程规范也越来越多，在增值税上，虽然没有出现过反避税的体系化规定，但核定本身也是一种反避税措施的体现。不过，对于税务机关（包括稽查机关）行使核定裁量权，利于维护国家税收利益，防范避税行为的发生，笔者认为，对核定权限的程序规范化，是对纳税人合法权益的对等体现，这一点需要向其他税种学习。

不过，大家并不宜高兴得过早，毕竟《增值税法》是从2026年开始实施，在2025年纳税人仍将面临着视同销售应税义务的各种挑战，对此笔者也是略有担忧。比如对于无偿借款，在《增值税法》下将不再属于视同计税的情形，那么抓住2025年的最后时刻，是不是可以集中进行风险清查呢？而纳税人也难拿着未来生效的《增值税法》来应对当前的涉税责任问题。尽管大家都知道未来不存在服务的视同计税情形了，但"活在当下"，妥善地处理好当下的涉税事项仍需依据现行有效的规定，不可掉以轻心。

2.6 不属于应税交易的情形

为了减少实务当中的争议，有必要明确哪些不属于应税交易，《增值税法》继续明确了不属于应税交易的情形（见表2-5）。

本次《增值税法》的规定非常精确。相较于"营改增"试点政策，它减少了理解误区与政策漏洞。笔者一直认为，"营改增"试点政策中的上述规定是存在争议的。但现实当中是不是只有这四种，未来会不会有新的追加或调整情形呢？似乎这里宜保留一个可以授权国务院明确的细项，但是没有，所以这个范围很可能会给纳税人带来一些有利的影响。

表2-5　　　　　　　　应税交易情形的政策变化

原增值税政策	"营改增"试点政策	《增值税法》规定
单位或者个体工商户聘用的员工为本单位或者雇主提供加工、修理修配劳务，不包括在应税劳务之内	第十条　销售服务、无形资产或者不动产，是指有偿提供服务、有偿转让无形资产或者不动产，但属于下列非经营活动的情形除外： （一）行政单位收取的同时满足以下条件的政府性基金或者行政事业性收费 1.由国务院或者财政部批准设立的政府性基金，由国务院或者省级人民政府及其财政、价格主管部门批准设立的行政事业性收费 2.收取时开具省级以上（含省级）财政部门监（印）制的财政票据 3.所收款项全额上缴财政 （二）单位或者个体工商户聘用的员工为本单位或者雇主提供取得工资的服务 （三）单位或者个体工商户为聘用的员工提供服务 （四）财政部和国家税务总局规定的其他情形	第六条　有下列情形之一的，不属于应税交易，不征收增值税： （一）员工为受雇单位或者雇主提供取得工资、薪金的服务 （二）收取行政事业性收费、政府性基金 （三）依照法律规定被征收、征用而取得补偿 （四）取得存款利息收入

员工为单位提供工资性服务，不属于应税交易，这比较好理解。员工与受雇佣单位是一体的，并不是独立的主体交易关系，他们一起形成了一个经营主体，可以认为是融为一体的主体关系。员工取得的报酬是其岗位所得，并不是因为独立主体间的交易，即相应的权利义务、法律责任与交易是不一样的。但如果个人向受雇单位提供了非与工资薪金相关的服务，并且单独收取了报酬的话，此时将存在相应的增值税计税义务的问题，至于是否达到起征点、是否存在免税额情形的，则另当别

论。而如果个人并未收取款项报酬，无偿提供了相应的服务，此时是不存在"视同应税交易"情形的，在上面视同应税交易的内容中已有过讨论。比如现实当中，员工将车租赁给单位使用，或者将自家的房屋出租给单位等，与相应的受雇工作已不再相关，需要单独依增值税的相关规定进行计税。"会不会有的员工将增值税应税收入包装成为工资性收入，逃避缴纳增值税呢？"这种情形的可能性比较小，笔者认为需要进行相应的分析：

一是如果并入工资，需要计缴个人所得税，同时企业还要承担其相应的社保、住房公积金支出，于单位和个人可能没有什么明显的利好。

二是有的时候个人向单位提供延伸性服务，比如公司财务人员帮单位介绍客户购买货物得到的佣金奖励，这种情形下，可以认为与其本职工作不相关，但也可以认为员工是做了销售人员的工作而给予的奖励，确定为工资薪金性收入也符合常规；如果按劳务报酬单独计缴个税，在起征点以上时还需要个人提供发票才能在税前扣除，个人将来还要并入综合所得计缴个税，尽管劳务报酬可扣除20%的费用后并入综合所得，但由于代开发票是个比较麻烦的事，还需要按规定计缴增值税，而工资薪金不是应税交易，就不存在增值税问题。

三是如果员工家里开餐厅，公司去其餐厅用餐，这是独立的服务关系，与工资薪金无关了。

《增值税法》摒弃了"营改增"试点政策中"单位或者个体工商户为聘用的员工提供服务"界定为不征税的情形，笔者认为是非常恰当的，因为现实当中有的税务机关这一情形的解读过于宽泛甚至越界了，比如单位是餐饮企业，员工在店里用餐（不是工作餐），很多人直接就套上了"只要单位与员工之间发生服务关系，就不是应税行为"，这是形式主义。再如，公司有房子出租给员工（不是集体宿舍），即使收了钱，也属于非应税事项，这又是机械式地套政策，缺乏基本的商业认识，滥用、误用、错用，在涉税实务中"五花八门"。那么，如果员工在单位食堂用餐、住集体宿舍，如果不收费，笔者认为并不宜认为其定价偏低（0元）要求按照市场价格核定单位的应税收入，这是一种工作条件，退一步看，行政事业单位中单位宿舍是存在的，是不是一样都要调整呢？但是，如果单位象征性地收取了小额款项，无论是从工资薪金中扣除，还是员工单独归还款项，可以认为这是取得了相应的对价，日常财务处理中多用直接冲销费用的方式，于所得税结果上无相应的实质性影响，增值税上是否需要考虑计缴？在"营改增"的政策中，可以说是有"保护"，不缴！但在《增值税法》下，这一认识需要重新考虑了。

财税〔2016〕36号文件规定：

（二）不征收增值税项目。

1. 根据国家指令无偿提供的铁路运输服务、航空运输服务，属于《试点实施办法》第十四条规定的用于公益事业的服务。

2. 存款利息。

3. 被保险人获得的保险赔付。

4.房地产主管部门或者其指定机构、公积金管理中心、开发企业以及物业管理单位代收的住宅专项维修资金。

5.在资产重组过程中，通过合并、分立、出售、置换等方式，将全部或者部分实物资产以及与其相关联的债权、负债和劳动力一并转让给其他单位和个人，其中涉及的不动产、土地使用权转让行为。

本次《增值税法》只列举了四项不属于应税交易的情形，是不是意味着对于原来有规定属于不征收增值税的项目，现在要改为征了呢？我们并不宜这样理解，也并不是说只有这四项列举的情形才不属于应税交易，其他的均是应税交易，现实当中仍是存在一些不征事项的。比如虽然"营改增"政策中规定了不属于应税事项的情形，并不影响对于债权转让、股权转让、非保本的投资收益、企业间分配股息红利等情形不计缴增值税。对这一条款，没有明确授权国务院确定不征税事项，这是很难穷尽的，而且也并不需要确定哪些不征进而推出哪些征，税法只需要明确哪些征，这才是关键之处。笔者认为，后续随着政策的细化，以及为了减少实务中的争议，不排除国务院及其财政、税务主管部门对相关事项进一步明确。比如对于"营改增"试点政策中提到的资产重组中的不征增值税事项，在传统理念的支持下，不太可能出现反转征税的结果，毕竟需要考虑保持政策理念的稳定。

另外，关于存款利息收入不征增值税，历来已久。毕竟这里需要考虑的因素比较多，如果征税的话，是不是会影响存款呢？大家知道，之前对于个人取得存款利息征收个人所得税的规定，后来也取消不执行了。特别是对于很多个人，就其取得的存款利息征收增值税，所带来的负面影响可能比所取得的财政收入的影响更大。而且征了之后，金融机构如何抵扣？要不要取得抵扣凭证？存在一系列复杂的问题，其征管成本也会比较高。笔者发现，有的金融机构面临着贷款利息收入下降、贷款风险加大的问题，有相关人员提出贷款利息收入计缴增值税，但存款利息支出却不能得到抵扣，"不公平啊"，"我们的税负比较高，公司利润受影响"。不排除有的金融机构存在业务范围的差异，贷款利息收入可抵扣的进项有购置不动产、广告宣传、办公类支出、设备更新等，其实与原来营业税时代的5%也相近，想进一步得到存款利息支出差额扣减销售额的想法不是很现实。

依照法律规定被征收、征用而取得补偿收入，比如涉及政府征收土地给予的补偿，本身并不是销售的对价，也不宜认为这是市场行为。但是，对于其他的一些补偿性收入，需要具体情形具体分析，如是否与应税收入存在相关性。

《国家税务总局关于取消增值税扣税凭证认证确认期限等增值税征管问题的公告》（国家税务总局公告2019年第45号）规定：

> 七、纳税人取得的财政补贴收入，与其销售货物、劳务、服务、无形资产、不动产的收入或者数量直接挂钩的，应按规定计算缴纳增值税。纳税人取得的其他情形的财政补贴收入，不属于增值税应税收入，不征收增值税。

笔者认为，基本的逻辑仍有较大确定性的延续，但因为

《增值税法》明确不征税的补贴是依照法律规定为前提条件，这样纳税人想要获得不征税的认可，需要找到相应的法律及对应的政府性文件来支持为宜。

【案例2-2】在一次业务交流中，笔者听闻一个案例，某企业拟投资1 000万元设立子公司，次年取得了100万元的分红，有人认为投资是一种交易，需要计缴增值税，分红也需要计缴增值税！

分析：上述理解与认识是不正确的，虽说非货币性资产投资是一种交易行为，需要以公允值进行计缴税款，但货币投资并不涉及货物、不动产、服务、无形资产等应税标的物，另外，对于税收上认为以实物出资为取得股权对价的销售行为，这在所得税、增值税上均有这样的原理认识，但货币出资并不宜被认为是销售行为购买股权。前述实物情形更重要的是解决公允计价的涉税义务与接受投资公司的入账，是一个链条的延伸问题。如果是从其他股东名下收购股权，这是交易行为，虽当下股权转让包括合伙企业份额转让，并没有确定为增值税应税事项，但未来是否会考虑公平因素，确定其为某一类应税交易情形，值得大家关注。而对于分红，依据36号文件的规定，需要考虑实质上是不是属于贷款服务，如果以货币资金投资收取固定利润或保底利润则认为属于贷款服务；如非贷款服务下收取的有风险性的投资收益，依据当前政策不属于应税事项。

考虑到实务当中的业务之需，又或者"照顾"某些行业，税务总局特别考虑了某些不征税情形下"允许"开具发票的安排,至今,编码6开头的"未发生销售行为的不征税项目"的下设子目,对应的商品和服务税收分类编码已有16项:

601:预付卡销售和充值;

602:销售自行开发的房地产项目预收款;

603:已申报缴纳营业税未开票补开票;

604:代收印花税;

605:代收车船使用税;

606:融资性售后回租承租方出售资产;

607:资产重组涉及的不动产;

608:资产重组涉及的土地使用权;

609:代理进口免税货物货款;

610:有奖发票奖金支付;

611:不征税自来水;

612:建筑服务预收款;

613:代收民航发展基金;

614:拍卖行受托拍卖文物艺术品代收货款;

615:与销售行为不挂钩的财政补贴收入;

616:资产重组涉及的货物。

通常而言，不属于应税交易，就不需要将相关的"交易金额"或"结算金额"作为应税销售额计缴增值税。但可能是商务当中的销售额，比如"打包式"销售中涉及货物、不动产时，并不是拆分视为应税销售货物、不动产，而是整体视为不征税项目，即商务与会计上的销售额，不是增值税计税销售额。此时可能会有人疑惑："既然税务机关规定了开具发票的适用类型，是不是有这样的业务必然要开具发票才行？"其实并不必然！就是当前的应税销售额也不见得需要全部一一将发票开具出来，而不管对方要不要！不征税项目的发票，有的是基于办理登记等相关业务中需要的一种辅助材料，但并不是对方入账及付款的必要凭证。尽管作为普通发票，依据《发票管理办法》对其定义为收付款凭证，但显然这是《发票管理办法》的"一厢情愿"。在税收征收管理中，并不将其作为收付款凭证来广泛应用，而是将其作为税前扣除凭证来使用，依据《国家税务总局关于发布〈企业所得税税前扣除凭证管理办法〉的公告》（国家税务总局公告2018年第28号）的规定：

第九条 企业在境内发生的支出项目属于增值税应税项目（以下简称"应税项目"）的，对方为已办理税务登记的增值税纳税人，其支出以发票（包括按照规定由税务机关代开的发票）作为税前扣除凭证；对方为依法无须办理税务登记的单位或者从事小额零星经营业务的个人，其支出以税务机关代开的发票或者收款凭证及内部凭证作为税前扣除凭证，收款凭证应载明收款单位名称、个人姓名及身份证号、支出项目、收款金额等相关信息。

小额零星经营业务的判断标准是个人从事应税项目经营业务的销售额不超过增值税相关政策规定的起征点。

税务总局对应税项目开具发票另有规定的，以规定的发票或者票据作为税前扣除凭证。

第十条　企业在境内发生的支出项目不属于应税项目的，对方为单位的，以对方开具的发票以外的其他外部凭证作为税前扣除凭证；对方为个人的，以内部凭证作为税前扣除凭证。

企业在境内发生的支出项目虽不属于应税项目，但按税务总局规定可以开具发票的，可以发票作为税前扣除凭证。

其中企业在境内发生的支出项目虽不属于应税项目，但按国家税务总局规定可以开具发票的，可以发票作为税前扣除凭证，如《国家税务总局关于增值税发票管理若干事项的公告》（国家税务总局公告2017年第45号）附件"商品和服务税收分类编码表"中规定的不征税项目等。但这里要注意，是"可以"，而不是"必须"。

另外，可能也有人提出："既然有这么多的不征税发票开具事项，能不能在我们收到客户保证金的时候，也允许开具呢？"尽管性质上是类似的，但是却并不会那么轻易地给各种需求"开绿灯"，可以说上述的这些情形来得也不是那么容易，是相关部门或人员各种努力争取来的，或因特定交易情形如办理不动产登记时需要发票从而税务机关给予的"特殊待遇"，至于这个发票对应的业务要不要计缴增值税，其他部门并不关注！

有人担心，不征税收入只有《增值税法》中列举的四类情形，能否推论出来除了这四种情形外全部是应税事项呢？这是不对的，并不存在"非此即彼"的关系，而且非应税交易的事项存在比较多，关于这一点在实施条例中或许会进一步明确。

依据法律规定被征收、征用而取得的补偿，关于这一点的理解似乎发生了概念性的变化。36号文件规定土地所有者出让土地使用权和土地使用者将土地使用权归还给土地所有者属于免征增值税项目，《财政部 税务总局关于明确无偿转让股票等增值税政策的公告》（财政部 税务总局公告2020年第40号）进一步规定土地所有者依法征收土地，并向土地使用者支付土地及其相关有形动产、不动产补偿费的行为，属于《营业税改征增值税试点过渡政策的规定》（财税〔2016〕36号印发）第一条第（三十七）项规定的土地使用者将土地使用权归还给土地所有者的情形。笔者认为，明确为不征税项目更合适，作为免税事项似乎感觉有点儿不想征但又要放的"尴尬"，不如直接明确为不征税事项，"直接干脆"。但这样可能存在较大的税收漏洞，原来申报为免税项目时，税务机关还可以通过申报表进行了解及后续的核查，确定为不征税项目直接就不需要申报了。关于这一点，建议企业仍要进行一些风险事项的评价管理。

2.7 销售额中的"隐含风险"

《增值税法》规定：

第七条 增值税为价外税，应税交易的销售额不包括增值税税额。增值税税额，应当按照国务院的规定在交易凭证上单独列明。

第十七条　销售额，是指纳税人发生应税交易取得的与之相关的价款，包括货币和非货币形式的经济利益对应的全部价款，不包括按照一般计税方法计算的销项税额和按照简易计税方法计算的应纳税额。

第十八条　销售额以人民币计算。纳税人以人民币以外的货币结算销售额的，应当折合成人民币计算。

第十九条　发生本法第五条规定的视同应税交易以及销售额为非货币形式的，纳税人应当按照市场价格确定销售额。

第二十条　销售额明显偏低或者偏高且无正当理由的，税务机关可以依照《中华人民共和国税收征收管理法》和有关行政法规的规定核定销售额。

相比于当前的规定，我们发现，对于价款的描述明确为包括货币与非货币形式的经济利益，考虑得已经比较周到了，虽然过去实践当中也是这样处理的，但明确到税法中就比较完善了。

2.7.1　事项一：关于计税销售额与民事关系中销售额的协同问题。

基于增值税的计税逻辑，有两种销售额：一是不含税销售额，二是含税销售额。一般在民事业务关系中，大家的表述或有差异。在零售端上，一般是以含税销售额来表述的，比如大家在电商平台上购物，几乎所有的价格是以含税价来理解与体现的，此时如果是单位购买并要求开具发票，则换算为不含税销售额并计算出来税额。过去在增值税税率下调过程中，由于合同金额只列明一个含税金额，未单独列明不含税金额和增值税税款，也未就税率调整是否需要相应地调整合同金额以及如何调整合同金额作出明确约定，导致合同双方发生很多民事纠纷。因此，在实际业务交易中，为了减少歧义，通常会在合同或订单中明确是不含税价格还是含税价格，并明确开具发票的税率是多少，锁定增值税税额，不仅可以节省应计印花税合同的印花税（根据《印花税法》规定，应税合同的计税依据为合同所列的金额，不包括列明的增值税税款），还可以增强交易双方彼此之间意思的确定性。笔者认为，这完全是基于民众对于价格的传统理解所表现出来的定价方式，是一种意思自治的表现。而有的专家提出："某某地税务机关对于企业之间所签订的合同的金额，一律按照不含税价格掌握！"这明显是存在问题的。交易价格是交易双方确定的，又不是税务机关来"审核确定"的，更没有法律的强制性要求，除非交易双方之间发生价格争议，此时税务机关也只需"静候结果"。但是为了减少争议，锁定税率，在合同中明确不含税销售价格，是有必要的，毕竟"白纸黑字"更有举证力。如果在合同中没有明确，依常识理解，多数人可能会认为是含税价格，但也不排除销售方认为："我们是标准合同，严格以增值税的逻辑来体现销售价格，税额是单独计收的！"基于此，笔者建议做生意时要"防小人而不防君子"。

《财政部 税务总局关于印花税若干事项政策执行口径的公告》(财政部 税务总局公告2022年第22号)对此有相关联的规定:

> 同一应税合同、应税产权转移书据中涉及两方以上纳税人,且未列明纳税人各自涉及金额的,以纳税人平均分摊的应税凭证所列金额(不包括列明的增值税税款)确定计税依据。

2.7.2 事项二:同一含税销售额,其不含税销售额与税额不尽相同。

由于存在一般纳税人与小规模纳税人等计税适用税率与征收率的不同,在折算为不含税销售额时,其结果很可能是不一样的。对于一般纳税人而言,如果其选择了简易计税方式,与一般计税方式相比,其计算结果也多是存在差异的。

当前小规模纳税人适用简易计税方法,征收率为3%,《增值税法》规定:

> 第二十五条 根据国民经济和社会发展的需要,国务院对支持小微企业发展、扶持重点产业、鼓励创新创业就业、公益事业捐赠等情形可以制定增值税专项优惠政策,报全国人民代表大会常务委员会备案。
>
> 国务院应当对增值税优惠政策适时开展评估、调整。

《财政部 税务总局关于增值税小规模纳税人减免增值税政策的公告》(财政部 税务总局公告2023年第19号)(以下简称

"19号公告")明确规定:

为进一步支持小微企业和个体工商户发展,现将延续小规模纳税人增值税减免政策公告如下:

一、对月销售额10万元以下(含本数)的增值税小规模纳税人,免征增值税。

二、增值税小规模纳税人适用3%征收率的应税销售收入,减按1%征收率征收增值税;适用3%预征率的预缴增值税项目,减按1%预征率预缴增值税。

三、本公告执行至2027年12月31日。

特此公告。

尽管《增值税法》将于2026年实施,但19号公告是基于国务院的政策要求,因此并不会改变上述对小微企业的增值税优惠政策,而且《增值税法》中对此也预留了空间。

正是因为销售方适用的税率或征收率存在的差异,或销售方基于自身利益考虑选择了有利的增值税计税方式,因此在确定商务交易条件之初,就应对此进行关注并作出决策。在一样的含税价格之下,购买方是否抵扣对结果的影响如表2-6所示。

表2-6　　购买方是否抵扣对结果的影响

购买方考虑事项	描述	备注
购买方不抵扣	比较含税总价款因素	总额计入所得税前扣除
购买方抵扣	比较谁的抵扣税额高	如果供应商开具专用发票上的税额低,但其愿意降低总价,一样可达到双方合作的目标

2.7.3 事项三：从价外费用到取得与应税交易相关的价款，是否范围缩小了？

可以说，在现增值税销售额的定义中，"价外费用"有着非常广泛的理解范围。于纳税人而言，有时是一个很容易中招的"陷阱"。《增值税暂行条例实施细则》中规定价外费用包括价外向购买方收取的手续费、补贴、基金、集资费、返还利润、奖励费、违约金、滞纳金、延期付款利息、赔偿金、代收款项、代垫款项、包装费、包装物租金、储备费、优质费、运输装卸费以及其他各种性质的价外收费。36号文件中规定的价外费用是指价外收取的各种性质的收费。在36号文件中已经不再强调价外费用必须是"向购买方收取"这一限定范围，价外向购买方以外的其他方收取的相关费用也构成价外费用，这个表述的变化明显扩大了价外费用的范围，除了政策中特别明确的事项之外，似乎所有的东西都可以往里"装"。税务机关掌握了极大的自由裁量权，以至于纳税人在商业活动中，为了减少"价外费用"的计税争议，也为了减少自己不必要的税负成本，不得不采取由其他单位代收相关款项的安排，增加了商业上的实施成本。《增值税法》未沿用价外费用的概念，而是直接明确为取得的与应税交易相关的价款。"与应税交易相关""价款"这两个因素恰当地表述了销售额的定义，易于理解。但要注意，当前的增值税计税规则中早已不再强调销售额是从购买方取得的，比如取得的与应税交易相关的政府补贴，也要认定为应税销售额。

另外，在电商企业中，对商家而言比较常见的价外费用是收到电商平台及支付工具推广补贴，这两类补贴的增值税处理在实务中存在较多的争议。比如，电商企业即商家（一般纳税人）销售9.9元产品后，收到9.9元的款项可能由三部分组成：消费者支付0.01元、电商平台支付补贴款9.8元（通常用新人礼金券抵减）、第三方支付公司支付补贴款0.09元；但在商家的第三方支付工具上的流水一般体现为两笔：一笔是平台支付的9.8元，另一笔是消费者和第三方支付公司支付的款项合计0.1元。根据某电商平台的规则，商家必须就电商平台支付的9.8元向其开具发票，开票要求为"优先开具推广服务费发票，也可以根据自己店铺的经营类目开具对应的名称，具体可咨询当地主管税务局"；而第三方支付公司支付的0.09元未作明确的开票要求。对商家而言，电商平台和第三方支付公司支付的两笔款是典型的价外费用，应全部计入产品销售额中按13%税率申报增值税。但在实务操作中，大多数商家的财务人员在看到"优先开具推广服务费发票"的平台规则后，本着能省则省的心态，都选择开具6%的服务发票给平台并按6%报税，然后再按消费者实际支付的0.01元按13%申报增值税；至于第三方支付公司支付的0.09元补贴，往往因支付公司未向商家索要发票而直接未作申报。这种做法存在少报增值税及附加税的风险，应引起商家足够的重视。

《国家税务总局关于取消增值税扣税凭证认证确认期限等增值税征管问题的公告》（国家税务总局公告2019年第45号）规定：

> 七、纳税人取得的财政补贴收入，与其销售货物、劳务、服务、无形资产、不动产的收入或者数量直接挂钩的，应按规定计算缴纳增值税。纳税人取得的其他情形的财政

补贴收入，不属于增值税应税收入，不征收增值税。

本公告实施前，纳税人取得的中央财政补贴继续按照《国家税务总局关于中央财政补贴增值税有关问题的公告》（2013年第3号）执行；已经申报缴纳增值税的，可以按现行红字发票管理规定，开具红字增值税发票将取得的中央财政补贴从销售额中扣减。

在笔者看来，《增值税法》中对销售额的确定是比较符合常规理解的，不再以价外费用这样无边界的表述赋予税务机关极大的解释权。在未来实施条例的制定中，笔者认为也难再启用如过去一样价外费用的概念。

2.7.4 事项四：非货币形式经济利益确定销售额。

以物易物是一种很常见的交易模式，《增值税法》考虑到了这一普遍交易形式，并以市场价格确定销售额。既然是交易，以市场价格来计价是合理的。长期以来，理论界对于实物、无形资产的估价方式有成本法、市场法与收益法等方式，也有"拍脑门式"的估价方法，比如互联网平台以注册用户的数量、餐厅以流水的倍数等来估价。笔者认为，《增值税法》中的市场价格不代表就是市场法评估出来的价格，基于市场交易条件下，交易双方或多方基于成本法或收益法确定的价值来作为交易价格，也体现为市场价格。当基于销售获得的非货币形式的经济利益，此时可考虑自身销售货物或服务的市场参考价，比如出租车打表提供运输服务，计价基准是一样的。当客户以物抵销售价款时，此时并不一定去穷尽物的市场价格如何，而是基于自身意愿得到补偿的定价来确定物的市场价格。这是因为市场价格本身就是一个庞杂的交易环境，在点对点的销售行为中，双方愿意交换，结合市场价格参考确定销售额，有可能高或低，比如不动产所处的地理位置、市场上的供应者与需求者的数量、产品是否存在保质期的情形等都可能影响市场价格。市场价格并不具有绝对的标准，也就是说它并不是处于一个无限大的拍卖市场中，有时存在批发或者零售、供需关系的差异，就可能存在着不一样的市场价格。另外大家比较熟悉会计核算中的历史成本法、公允计价法等，交易是基于公允计价法下交易价值实现的考虑，相应的溢折价等考虑了市场的交易因素影响。因此，不能仅仅因为自己取得的是非货币性对价，就认为只有等其变现为货币时才确认为收入，或者先以成本价作为销售额，待未来变现时再以溢折价部分调整销售额。

在税收法律及政策当中，关于市场价格的应用是相协同的（见表2-7）。

表2-7　　税收法律及政策中市场价格的协同应用

税种	规定	来源
企业所得税	第十三条　企业所得税法第六条所称企业以非货币形式取得的收入，应当按照公允价值确定收入额 前款所称公允价值，是指按照市场价格确定的价值	《企业所得税法实施条例》
个人所得税	第八条　个人所得的形式，包括现金、实物、有价证券和其他形式的经济利益；所得为实物的，应当按照取得的凭证上所注明的价格计算应纳税所得额，无凭证的实物或者凭证上所注明的价格明显偏低的，参照市场价格核定应纳税所得额；所得为有价证券的，根据票面价格和市场价格核定应纳税所得额；所得为其他形式的经济利益的，参照市场价格核定应纳税所得额	《个人所得税法实施条例》

在此我们可以借鉴《企业所得税法实施条例》释义中的相关内容：

> 非货币形式取得的收入，在会计上通常采取公允价值作为标准。根据美国财务会计准则委员会（FASB）于2006年9月正式发布了《美国财务会计准则第157号——公允价值计量》，将公允价值定义为："报告实体所在市场的参与者之间进行的有序交易中出售一项资产所收到的价格或转移一项负债所支出的价格。"而在国际会计准则理事会（IASB）的《国际财务报告准则》，其中对公允价值的定义为："公平交易中，熟悉情况的当事人自愿据以进行资产交换或负债清偿的金额。"我国2007年起实施的《企业会计准则》中将公允价值作为历史成本法、重置成本法、可变现现值法和现值法等会计准则体系中最重要的会计计量属性和资产评估方式之一。公允价值并不是主观对非货币财产的评价，而是参考各种客观标准后所确定的，具有一定的科学性，因此在实践中也被广泛采用。
>
> 财政部《企业会计准则——基本准则》第四十二条对"公允价值"的计量方法作了说明，规定："在公允价值计量下，资产和负债按照在公平交易中，熟悉情况的交易双方自愿进行资产交换或者债务清偿的金额计量。"此外，公允价值在《企业会计准则》的具体规定中还有多处提到。如：《企业会计准则第3号——投资性房地产》规定，在有确凿证据表明投资性房地产的公允价值能够持续可靠取得的情况下，可以对投资性房地产采用公允价值模式进行后

续计量。采用公允价值模式计量的,应当同时满足下列条件:(一)投资性房地产所在地有活跃的房地产交易市场;(二)企业能够从房地产交易市场上取得同类或类似房地产的市场价格及其他相关信息,从而对投资性房地产的公允价值作出合理的估计。《企业会计准则第7号——非货币性资产交换》规定,非货币性资产交换同时满足如下两个条件,应当以公允价值和应支付的相关税费作为换入资产的成本,公允价值与换出资产账面价值的差额计入当期损益:第一是交换具有商业实质;第二是换入资产或换出资产的公允价值能够可靠计量。如果上述两个条件不能同时满足,则仍以换出资产的账面价值作为换入成本,不确定损益。

本条第二款对"公允价值"的定义,即按照市场价格确定的价值。市场是商品等价交换的场所,商品在市场上通过交易价格发现自身的价值,因此市场价格作为公允价值的确定标准,具有客观性和公平性。市场价格,可以理解为熟悉情况的买卖双方在公平交易的条件下所确定的价格,或无关联的双方在公平交易的条件下一项资产可以达成的交易价格。本条第二款的规定较为原则,其具体应用则由《企业会计准则》等部门规定进行细化。实务中,公允价值通常需要会计人员进行职业判断。在对非货币资产进行交易之前,企业往往邀请专业评估机构和评估人员对其公允价值进行评估,以便为交易时的定价作参考。

笔者认为,市场价格重在确定为一项计税原则,但其确定性并不是100%的标准化。同一项交易，与不同的客户、在不同的时间，市场价格极可能存在差异。但这种差异有时会引起征管双方之间的争议，比如税务机关质疑纳税人确定的市场价格偏低，不具有公允性。这类争议时有发生，特别对于销售不动产的情形，时有税企之争。这种争议本身并不是说制度确定性有问题，而是应用技术的问题。且这种争议并不是坏事，它会促使定价标准趋向合理、公平，减少纳税人规避税收的动机，限制税务机关的自由裁量权，都是一种现实之策。不过，如何在不确定性中优化市场价格确定的标准、程序，引导对市场价格的确定流程规范，减少税收行政与纳税成本，同时又能防范税收征管漏洞，是需要进一步探讨的。建议相关部门对此进行更多的规范指引。比如拍卖情况下，价格抵扣问题就会比较大。

2.7.5 事项五：反避税措施的考虑。

对于企业所得税的反避税规则与措施，税务机关积累了丰富的经验，建立了有效的申报与反避税管理、调整方式，以及协调沟通机制。近年来，对于个人股权转让的反避税措施，发挥出极大的实践应用效果。那么，增值税中是否存在反避税条款呢？答案是肯定的，只是适用的情形具有独特性。

《增值税法》规定销售额明显偏低或者偏高且无正当理由的，税务机关可以依照《中华人民共和国税收征收管理法》和有关行政法规的规定核定销售额。

从我们的从业经验来看，"明显偏低或者偏高"这样的表述较为模糊，缺乏明确标准。有人认为，可以借鉴民法的相关规定，如《民法典》规定：

> 第五百三十九条　债务人以明显不合理的低价转让财产、以明显不合理的高价受让他人财产或者为他人的债务提供担保，影响债权人的债权实现，债务人的相对人知道或者应当知道该情形的，债权人可以请求人民法院撤销债务人的行为。

《最高人民法院关于适用〈中华人民共和国民法典〉合同编通则若干问题的解释》（法释〔2023〕13号）规定：

> 第四十二条　对于民法典第五百三十九条规定的"明显不合理"的低价或者高价，人民法院应当按照交易当地一般经营者的判断，并参考交易时交易地的市场交易价或者物价部门指导价予以认定。
>
> 转让价格未达到交易时交易地的市场交易价或者指导价百分之七十的，一般可以认定为"明显不合理的低价"；受让价格高于交易时交易地的市场交易价或者指导价百分之三十的，一般可以认定为"明显不合理的高价"。
>
> 债务人与相对人存在亲属关系、关联关系的，不受前款规定的百分之七十、百分之三十的限制。

借鉴民法的相关规定来理解税法的相关规定，倒也相辅相成，可以以此作为参考。是否有"正当理由"也是一个考虑的因素，比如对于即将过期的食品、药品等，大甩卖是常有之事，也易为大家所理解。

【案例2-3】 某互联网平台为促销全场推出整点"秒杀"活动,价值1 000元的物品秒杀价1元,数量共计20个。在这种情形下,计税价格是不是明显偏低呢?肯定是明显偏低,但还要看有没有正当理由,有!谁都想多卖钱,这又不是关联方交易故意转移利润,搞促销活动是有潜在利益驱动的!吆喝起来,关注度高了,知名度来了,潜在的销售就多了起来。再者说,即使是税务干部们也可能会想参与"秒杀"成功吧!有正当理由的情形下,这个1元就是市场的合理的价格,也并不违背国家的法律法规,因为当客户一并购买了其他商品时,相应的价格上就可能得到补偿,也会一样进行计缴增值税,或未来客户频来光顾,养成购买习惯,很可能后面的销售对于税收的贡献会更多,"吃小亏得大便宜",也是常人之识。另外,在个人所得税上,对于"秒杀"情形亦不认为其属于个人的"应税所得",不需要计缴个人所得税。

此时有人质疑了:"你所说的增加流量,增加未来的收入,谁知道未来有没有收入?"笔者认为,征税并不在于追求十全十美,而是要基于有没有收入流入,对经济的作用如何考虑。《增值税法》限缩了视同应税交易的情形,是非常值得赞许的,在没有收入的情形下确定其为"应计税收入",相当于纳税人要用投资人的钱或者其他收入的钱来缴纳税款。对于这种促销活动,本身就反映了老板们对于投资的付出与期待,这种行为本是国家激励创业、推动经济发展所希望看到的情形,此时如果再出手"割一刀",很可能因小失大!

也有专家提出:"现在很多的小视频、直播或宣传媒介,推出来免费阅读、免费收听或观赏的活动,这是有偿的参与式活动,因为对方使用人通过活动参与行为支付了对价,需要考虑这种对价支付的新形式!"笔者认为,有一定的道理,他们彼此之间可能存在着流量价值的交换,但这种价值交换是否需要进行估价核算并计征税款,有探讨的空间。我们可以从以下三个方面分析:第一,这可以认为是一种视同销售行为,但这种行为本身是随机面向大众的,并不是对于特定满足条件的单位或个人。由于不属于《增值税法》中列举的视同应税交易事项,自然不需要去核算增值税。第二,这是一种非货币性的利益对价,这些小视频的创作者推出来免费的小视频就是为了让更多的人观看,增加阅读量和关注度,观众的阅读是一种对价吗?笔者认为并不需要认定在阅读中产生对价。考虑到计量对价中的征管成本,以及在这种情形下确定对价来源更多的是个人消费者,其意义不大。第三,基于免费的逻辑,就跟我们在市场上看热闹一样,看的人越多,销售的机会就越多。看的人投入的"眼光"是支付的对价,超出了民众的常规思维。可以认为这是一种市场促销行为,而真正的收入仍是基于达成交易情形下的支付的货币或非货币经济利益。在没有达成业务交易的情况下,不应认定为"视同应税交易"。如果脱离大众的理解能力和接受能力,即使理论再完美,也难以实现,只能是空中楼阁。因此,我们只有结合社会发展阶段理解"交易"的本质,才能合理计量他们之间的"价值交换"。

最后我们再来看看《税收征收管理法》中的相关内容:

第三十五条 纳税人有下列情形之一的,税务机关有权核定其应纳税额：

（一）依照法律、行政法规的规定可以不设置账簿的；

（二）依照法律、行政法规的规定应当设置账簿但未设置的；

（三）擅自销毁账簿或者拒不提供纳税资料的；

（四）虽设置账簿，但账目混乱或者成本资料、收入凭证、费用凭证残缺不全，难以查账的；

（五）发生纳税义务，未按照规定的期限办理纳税申报，经税务机关责令限期申报，逾期仍不申报的；

（六）纳税人申报的计税依据明显偏低，又无正当理由的。

税务机关核定应纳税额的具体程序和方法由国务院税务主管部门规定。

要特别注意，核定权并不需要如同企业所得税中的反避税行政执法程序那样复杂。税务机关的核定权相对自主性更强，纳税人面临的风险更大。结合笔者的从业经验与案例观察，在增值税的核定上发生的问题并不普遍，出现更多的是虚假抵扣、抵扣税额转出不准确导致的多抵扣、视同销售未计缴增值税、用于个人消费错误地进行了抵扣等事项；对于很多的中小企业而言，是账外收款不核算应税销售额，逃避缴纳增值税。因此，对于销售额的管理，重点在于核算的完整性和视同应税交易的规范性两个方面。

2.8 不得抵扣事项发生重大调整

《增值税法》规定：

第二十二条 纳税人的下列进项税额不得从其销项税额中抵扣：

（一）适用简易计税方法计税项目对应的进项税额；

（二）免征增值税项目对应的进项税额；

（三）非正常损失项目对应的进项税额；

（四）购进并用于集体福利或者个人消费的货物、服务、无形资产、不动产对应的进项税额；

（五）购进并直接用于消费的餐饮服务、居民日常服务和娱乐服务对应的进项税额；

（六）国务院规定的其他进项税额。

相较于36号文件，发生了两处主要的明确或变化（见表2-8）。

表2-8　　　　　不得抵扣事项的规定变化

比较事项	"营改增"试点政策	《增值税法》
不得抵扣事项规定	购进的贷款服务、餐饮服务、居民日常服务和娱乐服务	购进并直接用于消费的餐饮服务、居民日常服务和娱乐服务对应的进项税额

其一，贷款服务抵扣不在限制范围之内。

关于贷款服务的税款能否允许抵扣，业界似乎还有不同的理解或疑惑。笔者认为，如果实施条例对其进行限制，不允许贷款服务进行抵扣，一是涉及与上位法的抵触问题，二是我们要考虑贷款服务所带来的经济作用。不知道大家有没有发现，如今已进入贷款压力较大，银行也不再"躺平"的时代，不敢贷、无能力贷的情形越来越多。存款越多，银行的压力似乎越大，因为挣存贷利差的红利期过去了，如果贷款服务不让抵扣，无疑将影响贷款服务业务的发展。从大的经济发展调控背景来看，允许抵扣似乎是纳税人、金融机构、行业管理部门都愿意去推动的方向。

其二，贷款服务不允许抵扣技术逻辑是存在问题的。

在"营改增"试点之时，我们可能这样理解贷款服务不得抵扣的原因：因为存款利息收入是不征税收入，所以贷款服务不允许抵扣。这似乎很有道理——一方面国家没有征税，另一方面不让抵扣，站在国家的层面来看"账是平的"。但是这个问题似乎又不大对，下面举例说明。

【案例2-4】 甲公司存了1亿元入某金融机构，年利息2%计200万元，该银行将1亿元贷款给乙公司，贷款利率为5%计500万元，假设该金融机构当年没有其他收入，也没有进项税额，贷款服务税率6%，计缴增值税 $500 \div 1.06 \times 6\% = 28.3$（万元）。

分析： 如果不允许乙公司抵扣贷款服务进项，存款利息没有抵扣，存款人也不缴增值税，金融机构计缴增值税为28.3万元，乙公司将500万元全额计入财务费用。

如果允许乙公司抵扣，金额机构计缴28.3万元增值税，乙公司抵扣28.3万元增值税。

很明显，甲公司缴不缴增值税影响的是金融机构的抵扣税额，由于该金融机构支付的存款利息没有进项抵扣，所以计缴了28.3万元增值税；销项税额28.3万元延续至乙公司，乙公司得到抵扣。如此看来，只有当金融机构的收入不计缴增值税时，才可以推出乙公司不能抵扣的结论！但是，我们忽略了金融机构的角色，直接以存款人不缴增值税来判定取得贷款服务的借款人不得抵扣，让人费解。或许"营改增"试点期间有担心对财政收入的影响不利的因素，但如此处理无疑是对增值税抵扣逻辑的"破坏"，中断了链条，明明给付的利息费用中包括了贷款人的销项税额，却不允许抵扣，增加了纳税人的税负成本。

其三，从原来餐饮服务不得抵扣到现在购进直接用于消费的餐饮服务不得抵扣，是一种"拨乱反正"之举。

基于当前的增值税试点政策，出于对文义的简单机械理解，剥夺了一些购买人的抵扣权。近来，屡有伙伴咨询，其销售业务中发生的采购餐饮服务，被风险排查出来要求不得抵扣，需作进项税额转出补缴增值税。初一听，笔者认为："没错啊，36号文件明确地写着餐饮服务不得抵扣。"但这样就结束了吗？似乎这么简单粗暴的回复有点不负责了。

"购进的贷款服务、餐饮服务、居民日常服务和娱乐服务"

对应的进项税额不得抵扣，其依据主要是36号文件及财政部、税务总局、海关总署2019年第39号公告的补充明确。

为什么这样规定不让抵扣呢？

税务总局的相关解释说得很清楚：一般意义上，旅客运输服务、餐饮服务、居民日常服务和娱乐服务主要接受对象是个人。对于一般纳税人购买的旅客运输服务、餐饮服务、居民日常服务和娱乐服务，难以准确界定接受劳务的对象是企业还是个人。因此，一般纳税人购进的旅客运输服务、餐饮服务、居民日常服务和娱乐服务的进项税额不得从销项税额中抵扣。餐饮服务、居民日常服务、娱乐服务主要是用于个人消费，因此其进项税额不能从销项税额中抵扣。

对于个人消费，比如餐饮，主要是单位的个人"吃的"，这往往不是工作必需的要件，注意，如果是公司餐厅，一般认为是集体福利，不得抵扣。作为一种生活性消费活动，从增值税的设计原理看，是对消费行为征税的，消费者即是负税者，在这个环节"吃"了（消费了），相当于增值传递链条到头了，没有直接转化到销售收入（销项税额）的价值延伸中。尽管有人说单位给我吃得好，我可以干活更卖力。这只是理论，没有严格的验证与比例关系，只是存在间接受益的可能性，所以不让抵扣可以理解。

问题：比如某酒店对外向顾客提供餐饮服务，但由于自身的产品不够供应，于是外购了某知名连锁饭店的小笼包、豆浆等现成食品，直接采购现餐向客户供应。在与饭店进行结算时，对方开具的餐饮发票（6%税率）酒店进行了抵扣处理。这样的抵扣写的是餐饮服务，由此判定不得抵扣！这就是上面的问题所在。

笔者在这里想问一下：

第一，这里的"餐饮服务"四个字是对上了36号文件中不得抵扣列举事项的名字了。但最重要的是，这个餐饮服务有没有个人消费（纳税人单位的人消费了）？没有！它有没有产生销售价值？产生了！它有没有产生直接的销项税额的增加？增加了，向客户收取提供服务的对价了！接受服务的对象是企业吧？是！

第二，有人提出："你这是购入原材料啊，你应取得商品、货物的增值税专用发票才能抵扣啊，让对方饭店开具食品的发票吧，13%的税率就可以认可！"这句话说得很有水平，没错，你购入的不是"餐饮服务"这四个字的材料、货物，就不在限制抵扣之列，完美解决！但人家不就是因为没有加工能力才直接买的现成的就餐食品吗！在"营改增"之前，确实明确地规定了"堂食"的缴营业税，是餐饮服务；而"打包"的是商品，缴增值税。这个设计真挺高明的，但就是太脱离现实了。经是好经，但这得设置多少监管僧啊！甚至"营改增"刚开始的时候，对于外卖食物仍按货物销售认定处理。直到大家感觉这个事搞得太"高级"了，于是财税〔2016〕140号文件终于不再坚持这个理论了，规定提供餐饮服务的纳税人销售的外卖食品，按照"餐饮服务"缴纳增值税。"你看，我们明明是按你们之前所说的货物走的采购，但现在是你们明确不让按货物计增值税了，按餐饮服务适用税率计税，这不是我们酒店的错啊！我们买的是食品货物，只是增值税政策上人为地为了减少征管成本将其降格为餐饮服务计税了，我们从来都认为它是货物啊！"更有国家税务总局2019年第31号公告进一步明确：纳税人现场制作食品并直接销售给消费者，按照"餐饮服务"缴纳增值税。

第三，"如果你认为不得抵扣，为何还要让我们再计销项呢？"这个逻辑不通啊，对应这部分不得抵扣的进项产生的收入，它是额外产生的，是不得抵扣事项产生的"补偿"。我们不能"两头堵"，一边不得抵扣，另一边必须计算销项，看似保护国家的财政收入，实则破坏了基本的常识性逻辑。拘泥于文字表述作判断，反而是一种不负责任的做法。

《增值税法》明确了直接用于消费情形下的餐饮服务采购不得抵扣，确实是对当前政策不当理解的纠正。有人提出："'营改增'试点政策就是规定所有情形下的餐饮服务不允许抵扣，至于《增值税法》允许抵扣那是新的法律规定，并不影响当前政策的有效性！"笔者对此不予认同。结合笔者上述的分析，对其中从商品与服务之间的演变过程，并结合最为基本的增值税政策逻辑，什么是消费终端，直接增加了销项达到了计缴税款的结果，却磨灭购入服务的生产功能，"得了便宜不吃亏"的想法不见得就是好结果。而有人可能认为，如果允许抵扣了不是有可能要担责了吗？万一有审计部门追究如何办？这是一个理由，但不足以作为不允许其抵扣的依据。作为专业的行政执法与政策管理部门，需要有担当，而不仅仅是精致主义的追求者！

另外，关于《增值税法》规定的不得抵扣事项条款，还有三个技术性的问题值得探讨（见表2-9）。

表2-9　　　　　　　　三个技术性问题

情形	考虑	备注
适用简易计税方法计税项目对应的进项税额等"对应的"范围描述	"对应的"是否会引起歧义，或者增加纳税人的计税负担	笔者认为此处三个字的定语不足以对纳税人产生更不利的结果，对应的更多是一种关联性的表达，这里包括仅用于简易计税项目的进项，也包括分摊的进项，而有的人担心36号文件中仅对于专用于免税或简易计税项目等的固定资产、无形资产（不包括其他权益性无形资产）、不动产规定不得抵扣，对于"混用"抵扣的，未来是不是要"拆分出来不得抵扣部分了"？这是有可能的，我们还是需要进一步关注未来实施条例的规定。即使如此，在一些技术性的处理中仍有规划的空间。又或者认为是不是会要求进行年度清算计算对应的进项转出税额，破了当期抵扣的时点性规则？在当前的政策中已有这样的规定，只是基于主管税务机关的要求情形下才需要进行清算
国务院规定的其他不得抵扣的其他进项税额	余留了兜底条款	未来实施条例中可能会进一步补充明确，通常国务院财政、税务主管部门会进一步落实国务院的政策导向
不征税收入对应的进项税额不在限制抵扣之列	比如在取得不征增值税的财政补贴中发生的进项税额应允许抵扣	不征税收入对应的进项税额，在当前的政策下是可以抵扣的，不在不得抵扣事项之列

未来实施条例中或将进一步明确，对于一般计税方法的纳税人，在兼营简易计税方法项目、免税项目无法清晰划分对应的进项税额转出时，按收入比例进行划分计算。不过在现实当

中，笔者发现有的单位并非严格按照收入比例法进行拆分，比如有的单位是按照人头数、场地使用面积，按照内部安装的计量器具（如电表、水表等）进行核算。这些方法尽管不是收入比例法，但一定程度上是可以区分的，只是用了计量的方法进行区分，只有在实在没有非常可行、准确的方法进行区分时，备用一个收入比例法较为合理，但人为调整可能性就会发生。

不得抵扣事项对于适用一般计税方法的纳税人利益影响较大，"明明自己是纳税人，花了钱为何不让抵扣呢？"其实这是从增值税的理论逻辑推出来的结果：一是在纳税人环节被消费了，到达了增值税链条的终端，不能再继续向下传递抵扣了，不让抵扣就相当于负税了！但有的人可能质疑："纳税人不是还要对外销售产生销项税额或应纳税额吗？"笔者理解，这是因为相应的进项与销售之间的关系并不太相关，比如员工福利更好了，是不是产出更多、销售更好呢？但不是必然，毕竟不是直接用于生产车间、物料消耗。于此来看，不让抵扣是出于理论的完美考虑，但如果允许抵扣，也不代表存在问题，因为销售仍会产生税额，仍是有价值的，只不过这种价值的转换是间接的，不直接相关的。二是不得抵扣事项的设定，也考虑了免税与简易计税的特别情形，免税事项自然无抵扣可言，简易计税方法本就不是通过销项税额减去进项税额的计算方法来计缴增值税的，在本环节不让抵扣是没有问题的。但我们可以细想一下，它可能影响了下一个采购环节的抵扣利益，本来这个环节的销售价格中应传递抵扣利益，然而因为其适用征收率变化或享受税收优惠政策，单看本环节似乎是在税收上"得利"了，但销售链条再延续到下一环节时，本环节采购所取得的上游的进项税额并没有完整传递下去，下游环节没有此抵扣，导致增值税"多缴"，于国家层面上看没有因此产生税收损害。

【案例2-5】甲公司从事的业务满足增值税免税待遇，当期甲公司采购业务取得的进项税额是100万元，销售额是1 130万元，若不享受该税收优惠，适用税率为13%，在两种模式下，我们做一个比较（见表2-10）。

表2-10　　　　两种模式下的比较　　　　单位：万元

事项	进项税额	销项税额	应纳税额	传递给下一环节进项
享受免税	100	0	0	0
不享受免税	100	130	30	130

享受免税的情形下，100万元的进项税额相当于变为沉没成本了，没有体现出来未来抵扣的机会；不享受免税的情形下，虽然本环节计缴了30万元的增值税，但传递下一环节抵扣的进项税额是130万元，100万元在本环节得到了延伸传递抵扣。如果通过商务条件调整，是可以优化协同利益的。

现实当中还有一种情形是不得抵扣与视同应税交易之间的理解偏差问题。比如春节临近，某公司（一般纳税人）采购了一批炊具赠送给客户，此时有两种观点：

观点一认为，这是纳税人的交际应酬消费，属于个人消费，不得抵扣；观点二认为，这是视同应税交易，属于无偿转让货物，应计算销项税额，在进、销销售价格相近的情形下，进、销相抵，虽没有产生实质性影响，但是增值税的销售额会增大。

再进一步看，如果纳税人是小规模纳税人，没有所谓的抵扣一说，此时对外无偿赠送，依前述观点一的理论不得抵扣，小规模纳税人自然不存在抵扣，此时会不会认为其应计缴应纳税额？所以观点一的理论是存在问题的，笔者认为此时仍需要按视同应税交易计缴税款的。观点一的理论错误地理解了"交际应酬"消费的概念，所谓的消费是基于在本环节终止的情形，显然赠送货物属于交易的延伸了，下一个环节是个人时，则相应的负税成本由赠予方承担，对方没有支付对价，该对价作为了赠予方的销售费用。

总之，《增值税法》中对于不得抵扣事项的新规定，是值得赞许的，是满足当前的经济发展之需与考虑的，突破了原来站在"利益优先考虑"角度下思考抵扣问题的"小世界"。立法是真正地站在了国家的层面统筹考虑，从大局出发，方为根本。

2.9　纳税人留抵税额的权益保障的进步

《增值税法》规定：

第二十一条　当期进项税额大于当期销项税额的部分，纳税人可以按照国务院的规定选择结转下期继续抵扣或者申请退还。

对于纳税人的权益而言，这是明显的进步，至少在理论上明确了进项留抵税额是国家"欠"纳税人的"债务"！但于征管当中，这将面临着巨大的挑战。从前几年一些行业推行留抵税额退税政策以来，出现了比较多的事后追缴问题值得我们思考。

一是申请退还面临着税务机关严格的事后复核、检查程序，比如是否涉及虚开发票抵扣、是否有账外收入未计税下产生的留抵退税、是否利用"税收洼地"关联方交易开具发票筹划留抵等事项，这些情形不可避免地出现。当下骗取出口退税违法行为频发，追责成本比较高，如果出现"境内退税"，还需要制定一套完整的管理程序、风控复核机制及责任追究机制。

二是当前的《税收征管法》中对于骗取留抵退税如何确定其行政违法责任、《刑法》中如何进行条款匹配，法律制度上还需要考虑完善，以使有法可依、违法必究。《税收征管法》的征求意见稿中对此已有考虑。

三是国务院将制定相应的规定，以明确继续抵扣还是申请退还的条件，以及在企业注销时若有留退税额是否予以退还的具体情形。依条款规定来看，如果企业拟注销，相应的留抵税额依法应予以退还为宜。

或许有人说："只有一般纳税人有此待遇，那简易计税方法下取得的进项是不是也要酌情考虑呢？"在当前的理论逻辑下，简易计税方法下不存在进项税额大于销项税额的情形，自然也就没有这样的待遇。况且简易计税方法已考虑了抵扣的因素，自始不存在进项税额的问题了。

【案例2-6】 甲公司是软件生产企业，当期含税销售额是1 130万元，无进项税额，购买方乙公司是其关联方设备制造企业，购入软件嵌入设备当中使用，当期获得进项税额130万元，若当期乙公司没有销售，甲公司满足增值税即征即退优惠政策。

分析： 依据《财政部 国家税务总局关于软件产品增值税政策的通知》（财税〔2011〕100号）规定，增值税一般纳税人销售其自行开发生产的软件产品对其增值税实际税负超过3%的部分实行即征即退政策。当期增值税适用税率是13%，甲公司当期退税100万元，实际税负是3%，乙公司取得130万元的进项税额，当期形成留抵税额130万元，此时申请退税，国家予以退税130万元，无形当中得到了"现金"利益。这与继续抵扣不同，继续抵扣是基于本身未来的销项税额来抵减的，国家并不需要即时拿出来现金予以退还，而且若遇到企业清算注销，即使有留抵税额也不予退税，相当于这部分利益就"消失"了。要知道，上次推进留抵退税的预算金额是1.5万亿元，财政的压力可想而知。笔者认为，考虑到留抵退税可能存在的漏洞，以及当前财政收入压力的情形，推进宽松的留抵退税政策并不是很现实。但《增值税法》的意义在于认可了纳税人拥有留抵退税的债权权益，这是法制的进步，更是治理理念的体现。

近期，笔者在企查查中查询到某地税务机关的一份处罚公告：

行政处罚决定书

文税一稽罚〔2024〕45号

行政处罚相对人：文山州××服务中心

处罚单位：国家税务总局文山壮族苗族自治州税务局第一稽查局

处罚金额（元）：1 821 652.22

处罚日期：2024-11-15

违法事实：以隐匿收入骗取留抵退税，在账簿上不列或少列收入

违法行为类型：逃避缴纳税款，骗取留抵退税

处罚结果：对你单位偷税3 322 301.61元的行为处以50%的罚款，即1 661 150.81元。对你单位骗取增值税留抵退税160 501.41元的行为处以1倍的罚款，即160 501.41元。

处罚依据：根据《中华人民共和国税收征收管理法》第六十三条第一款"纳税人伪造、变造、隐匿、擅自销毁账簿、记账凭证，或者在账簿上多列支出或者不列、少列收入，或者经税务机关通知申报而拒不申报或者进行虚假的纳税申报，不缴或者少缴应纳税款的，是偷税。对纳税人偷税的，由税务机关追缴其不缴或者少缴的税款、滞纳金，并处不缴或者少缴的税款百分之五十以上五倍以下的

罚款；构成犯罪的，依法追究刑事责任"和《财政部 税务总局关于进一步加大增值税期末留抵退税政策实施力度的公告》（财政部 税务总局公告2022年第14号）第十二条第三款"以虚增进项、虚假申报或其他欺骗手段，骗取留抵退税款的，由税务机关追缴其骗取的退税款，并按照《中华人民共和国税收征收管理法》等有关规定处理"。鉴于你单位是在五年内首次发生偷税行为，检查中积极配合，并于检查期间主动预缴1 324 147.28元的税款，根据《西南区域税务行政处罚裁量基准》（2024年第1号）第五类"税款征收类"第38条501号第一档"五年内首次发生，配合检查、调查，在检查、调查期间主动补缴税款的，处不缴或者少缴的税款50%的罚款"和第二档"五年内首次发生，配合检查、调查，未在检查、调查期间主动补缴税款的，处不缴或者少缴的税款50%以上1倍以下的罚款"之规定……

对骗取留抵退税予以罚款，在《税收征收管理法》中的依据在哪里呢？似乎并不明确清晰，上面的案例是将隐藏收入定性为偷税、罚款的，这样考虑倒是有一定关联性，似乎可以据此定性为偷税！但总感觉有一点牵强，并不是所有有问题的留抵退税事项都是因偷逃税行为引起的留抵税额结余。比如上游走逃失联形成异常凭证，在未确定购买方有虚开情形下，难以认定其是偷税行为；或关联方定价不公允情形下，如定价过高时是否需要进行反避税调查调整、业务真实性确认呢？

还有这样的案例，主管税务机关发现某单位有符合享受条件的留抵税额，于是辅导企业积极申请退税。但一旦取得退税款，相关部门的风险排查很可能就来了，对其取得留抵退税的业务真实性、有无账外收入等情形进行详细检查，以致有的企业不愿意申请留抵退税了。这一方面说明是对纳税人权益与利益的考虑，另一方面又担心纳税人的"虚假情形"。如何平衡其间的关系，明确实施规则、程序与法律责任，需要建立与维护征纳双方的信任关系。同时纳税人也要取之有道，莫贪"便宜"。

2.10 税收优惠漏洞与风险仍将存在

《增值税法》规定：

第四章 税收优惠

第二十三条 小规模纳税人发生应税交易，销售额未达到起征点的，免征增值税；达到起征点的，依照本法规定全额计算缴纳增值税。

前款规定的起征点标准由国务院规定，报全国人民代表大会常务委员会备案。

第二十四条 下列项目免征增值税：

（一）农业生产者销售的自产农产品，农业机耕、排灌、病虫害防治、植物保护、农牧保险以及相关技术培训业务，家禽、牲畜、水生动物的配种和疾病防治；

（二）医疗机构提供的医疗服务；

（三）古旧图书，自然人销售的自己使用过的物品；

（四）直接用于科学研究、科学试验和教学的进口仪器、设备；

（五）外国政府、国际组织无偿援助的进口物资和设备；

（六）由残疾人的组织直接进口供残疾人专用的物品，残疾人个人提供的服务；

（七）托儿所、幼儿园、养老机构、残疾人服务机构提供的育养服务，婚姻介绍服务，殡葬服务；

（八）学校提供的学历教育服务，学生勤工俭学提供的服务；

（九）纪念馆、博物馆、文化馆、文物保护单位管理机构、美术馆、展览馆、书画院、图书馆举办文化活动的门票收入，宗教场所举办文化、宗教活动的门票收入。

前款规定的免税项目具体标准由国务院规定。

第二十五条　根据国民经济和社会发展的需要，国务院对支持小微企业发展、扶持重点产业、鼓励创新创业就业、公益事业捐赠等情形可以制定增值税专项优惠政策，报全国人民代表大会常务委员会备案。

国务院应当对增值税优惠政策适时开展评估、调整。

第二十六条　纳税人兼营增值税优惠项目的，应当单独核算增值税优惠项目的销售额；未单独核算的项目，不得享受税收优惠。

第二十七条　纳税人可以放弃增值税优惠；放弃优惠的，在三十六个月内不得享受该项税收优惠，小规模纳税人除外。

税收优惠是纳税人最为关心的事项之一，《增值税法》明确了避孕药品和用具不再享受税收免税优惠，这是与国家鼓励生育的政策相适配的。在上述税收优惠政策中，笔者认为，有一些事项在当下存在较大的理解偏差与争议，值得进一步完善。

一是医疗机构提供的医疗服务。36号文件对其适用免税条件进行了规定：

医疗机构，是指依据国务院《医疗机构管理条例》（国务院令第149号）及卫生部《医疗机构管理条例实施细则》（卫生部令第35号）的规定，经登记取得"医疗机构执业许可证"的机构，以及军队、武警部队各级各类医疗机构。具体包括：各级各类医院、门诊部（所）、社区卫生服务中心（站）、急救中心（站）、城乡卫生院、护理院（所）、疗养院、临床检验中心，各级政府及有关部门举办的卫生防疫站（疾病控制中心）、各种专科疾病防治站（所），各级政府举办的妇幼保健所（站）、母婴保健机构、儿童保健机构，各级政府举办的血站（血液中心）等医疗机构。

本项所称的医疗服务，是指医疗机构按照不高于地（市）级以上价格主管部门会同同级卫生主管部门及其他相关部门制定的医疗服务指导价格（包括政府指导价和按照规定由供需双方协商确定的价格等）为就医者提供《全国医疗服务价格项目规范》所列的各项服务，以及医疗机构向社会提供卫生防疫、卫生检疫的服务。

后《财政部 税务总局关于延续实施医疗服务免征增值税等政策的公告》（财政部 税务总局公告2023年第68号）进一步明确，在2027年12月31日前：

医疗机构接受其他医疗机构委托，按照不高于地（市）级以上价格主管部门会同同级卫生主管部门及其他相关部门制定的医疗服务指导价格（包括政府指导价和按照规定由供需双方协商确定的价格等），提供《全国医疗服务价格项目规范》所列的各项服务，可适用《营业税改征增值税试点过渡政策的规定》（财税〔2016〕36号）第一条第（七）项规定的免征增值税政策。

笔者观察到有这样的案例：

处罚主体名称：××美容整形医院（××）有限公司

决定书文号：××税稽一罚〔2024〕3号

处罚事由：

（一）违法事实

1.增值税

你单位委托山东润×会计师事务所（普通合伙）对财

务会计账务进行了梳理，提供了收款情况相关的电子数据，结合你单位的纳税申报等情况，认定你单位存在实现销售未及时确认收入的情况。根据《中华人民共和国增值税暂行条例》（国务院令第134号）第十九条"增值税纳税义务发生时间：（一）销售货物或者应税劳务，为收讫销售款或者取得索取销售款凭据的当天"的规定，你单位2020年至2022年期间应确认销售收入共计144 011 655.71元，其中：2020年共计978 851.3元，2021年共计70 918 303.89元，2022年共计72 114 500.52元。因你单位属于医疗机构，已登记取得"医疗机构执业许可证"，根据《财政部 国家税务总局关于全面推开营业税改征增值税试点的通知》（财税〔2016〕36号）附件3《营业税改征增值税试点过渡政策的规定》中"一、下列项目免征增值税……（七）医疗机构提供的医疗服务医疗机构，是指依据国务院《医疗机构管理条例》（国务院令第149号）及卫生部《医疗机构管理条例实施细则》（卫生部令第35号）的规定，经登记取得'医疗机构执业许可证'的机构，以及军队、武警部队各级各类医疗机构。具体包括：各级各类医院、门诊部（所）、社区卫生服务中心（站）、急救中心（站）、城乡卫生院、护理院（所）、疗养院、临床检验中心，各级政府及有关部门举办的卫生防疫站（疾病控制中心）、各种专科疾病防治站（所），各级政府举办的妇幼保健所（站）、母婴保健机构、儿童保健机构，各级政府举办的血站（血液中心）等医疗机构。本项所称的医疗服务，是指医疗机构按照不高于地（市）级以上价格主管部门会同同级卫生主管部门及其他相关部门制定的医疗服务指导价格（包括政府指导价和按照规定由供需双方协商确定的价格等）为就医者提供《全国医疗服务价格项目规范》所列的各项服务，以及医疗机构向社会提供卫生防疫、卫生检疫的服务"的规定，你单位提供了公示的医疗服务项目价格表，对从事的医疗服务项目，不高于政府指导价格的部分，可享受免征增值税的优惠政策，经你单位确认可免征增值税的销售额共计 112 016 285.05 元，其中 2021 年共计 56 649 518.74 元，2022 年共计 55 366 766.31 元；应征增值税的销售额共计 31 995 370.66 元，其中 2020 年共计 97 885 元……

处罚依据：

对你单位增值税、城市维护建设税、印花税和企业所得税问题，根据《中华人民共和国税收征收管理法》第六十三条第一款"纳税人伪造、变造、隐匿、擅自销毁账簿、记账凭证，或者在账簿上多列支出或者不列、少列收入，或者经税务机关通知申报而拒不申报或者进行虚假的纳税申报，不缴或者少缴应纳税款的，是偷税。对纳税人偷税的，由税务机关追缴其不缴或者少缴的税款、滞纳金，并处不缴或者少缴的税款百分之五十以上五倍以下的罚款；构成犯罪的，依法追究刑事责任"的规定，参照《山东省税务行政处罚自由裁量基准》（国家税务总局山东省税务局国家税务总局青岛市税务局公告 2022 年第 6 号）"序号 16，程度：一般，违法情节：违法情节较轻且配合税务机关检查的，处罚标准：处不缴或者少缴税款百分之五十的罚款"的规定，定性为偷税，决定处以少缴税款（增值税186 371.36元、城市维护建设税6 523元、印花税416.5元，企业所得税295 644.31元）百分之五十的罚款，罚款金额为244 477.61元。

对你单位个人所得税问题，根据《中华人民共和国税收征收管理法》第六十九条"扣缴义务人应扣未扣、应收而不收税款的，由税务机关向纳税人追缴税款，对扣缴义务人处应扣未扣、应收未收税款百分之五十以上三倍以下的罚款"的规定，参照《国家税务总局山东省税务局国家税务总局青岛市税务局关于发布〈山东省税务行政处罚裁量基准〉的公告》（国家税务总局山东省税务局公告2022年第6号）"序号22，程度：一般，违法情节：扣缴义务人积极协助税务机关追回税款的，处罚标准：处应扣未扣、应收未收税款百分之五十的罚款"的规定……

处罚结果：

处以应扣未扣个人所得税2 098 931.44元百分之五十的罚款，罚款金额为1 049 465.73元。

处罚决定日期：2024-01-25

处罚公开日期：2024-01-26

处罚机关：国家税务总局××市税务局第一稽查局

笔者注意到2023年4月8日《苏宁环球：关于前期会计差错

更正及追溯调整的公告》中曾提到（摘录）：

> 石家庄苏亚和唐山苏亚，自2016年以来，根据《财政部 国家税务总局关于全面推开营业税改征增值税试点的通知》（财税〔2016〕36号）附件3第一条第（七）款，医疗机构提供的医疗服务免征增值税优惠，享受增值税减免优惠，该政策是全国医美医院享受增值税免征政策的主要依据。唐山苏亚、石家庄苏亚根据税收优惠政策向地方税务局进行税收优惠事前备案。河北省税务局2022年对辖区医美医院进行全面税务检查，认为河北省医美行业不享受该政策优惠。石家庄苏亚根据税务局出具的《税务处理决定书》补缴2019年1月1日至2021年12月31日税款582.75万元，滞纳金213.29万元，共计796.04万元。唐山苏亚根据税务局出具的《纳税评估税务事项通知书》补缴2019年1月1日至2021年12月31日税款231.06万元，滞纳金44.48万元，共计275.55万元。

二是享受税收优惠政策应单独核算增值税优惠项目的销售额，否则不得享受优惠政策。

本条款承现在的规定而来。在实务当中，笔者发现，对于同一个客户，需要拆分销售额时，对于拆分的合理性，征纳间往往存在理解偏差。比如纳税人可能倾向于拆分给低税率的多一些，而税务机关可能认为拆分多了不合理等，总之一个看多一个看少，难以达成标准化共识。为了减少这样的争议，有的纳税人通过单独设立公司，独立运营来达到单独核算的目的。这样确实会比较"清晰明确"，也减少了同一主体混淆难以有效划分的问题。这里也有变通的方式，比如设立独立核算的分公司作为独立的增值税纳税人，一样达到单独核算的目的。

三是纳税人可放弃税收优惠，放弃之后36个月内不得享受优惠政策，但小规模纳税人除外。

这一规定其实延续了当前对税收优惠政策的处理口径，即一般纳税人放弃税收优惠的36个月内不得享受该优惠政策，但小规模纳税人可以就单次销售享受税收优惠，就其他销售不享受税收优惠，不受36个月的限制。

在过往的税收实践中，对于一般纳税人而言，不允许以客户需求来选择单独适用应税或免税政策，而是要采取一视同仁的做法。其实这也好理解，一方面是为了减少税收漏洞，比如明天有一项销售业务放弃了免税待遇，后天又转回来享受免税，这样的情形下显然是易存在税收漏洞的。另一方面是核算复杂，涉及进项税额抵与不抵的复杂计算，不利于税收管理。但不同类型的免税事项，是可以就其中的某项选择放弃免税待遇的，比如销售自产的初级农产品收入，如果对于其中的鸡蛋选择放弃免税，对于鸭蛋保持免税待遇。这样的区分就打破了同一类型的选择，不利于征管规范与管理。对于小规模纳税人，由于不涉及进项税额抵扣，就是简单的应纳税额的计算，允许其不受36个月的选择期限制，同时也是照顾小规模纳税人的一项优待。比如当前如果小规模纳税人享受小微企业的免税优惠，倘若其中有一笔1 000元的销售业务开具了增值税专用发票计缴了增值税，此时并不影响其他未开专用发票的收入享受免税的待遇，但是在确定小微企业季度销售额30万元的统计口径时，需要合计起来计算确定。

曾经国家税务总局有这样的一个问答，值得我们来理解可能的政策口径：

一般纳税人选择放弃免税权应注意哪些问题？

留言时间：2020年5月25日　答复时间：2020年5月27日　答复单位：国家税务总局网站

答：一般纳税人在实际享受了增值税免税政策后，可以选择放弃免税权，并以书面形式提交放弃免（减）税权声明，报主管税务机关备案。自提交备案资料的次月起，一般纳税人应就其放弃免税的项目按照规定计算缴纳增值税，并可以按规定开具专用发票。由于增值税一般纳税人实行进销项抵扣的计税方法，出于纳税核算便利性和进项抵扣准确性的考虑，对一般纳税人来说，现行规定是，一经放弃免税，36个月不得变更，且应按照应税项目来放弃免税，而不能以是否开具专用发票，或者区分不同的销售对象分别适用征免税。

比如，某一般纳税人兼营住宿服务和餐饮服务，在疫情期间均可以适用免征增值税政策，该纳税人可以选择就其提供的所有餐饮服务享受免税，向客户开具税率栏标注为"免税"字样的普通发票；同时就其提供的所有住宿服务放弃免税，向客户开具专用发票。但无论是餐饮服务还是住宿服务，都不能就开具专用发票部分收入缴纳增值税，其他未开具专用开票部分收入享受免税。

在笔者看来，是不是放弃并不是唯一的选择与路径，而是要结合自己的业务类型、客户需求，整合供应链、销售模式，来灵活配置销售主体，减少混淆产生的核算不清、争议事项。

另外，《增值税法》中未提及小微企业季度30万元免税优惠的事项，2026年会不会有变动呢？笔者认为这一点不需要担心，国务院可以对此优惠政策进行评估、调整及落实，在2027年12月31日之前，这一优惠政策将会得到贯彻与实施。另外对于一些重点发展扶持的行业、鼓励创新创业就业以及公益事业捐赠等方面的减免税待遇，根据国民经济和社会发展的需要，国务院可以进行制定并报全国人大常委会备案。

2.11 关于起征点的新理解

《增值税暂行条例》及其实施细则规定了增值税起征点的幅度标准，并授权各地财税部门在相应幅度内确定本地区的起征点。其实这种情形已无太多必要，从一些公布的结果来看，各地基本上依最高标准确定了当地的标准。就这一事项由各地单独进行明确，不利于标准的统一，其意义也不大，而且建立全国统一大市场，更没必要"制造"各地不一样的标准了。减少行政成本、明确统一标准，是非常有必要的。

《增值税暂行条例实施细则》规定：

第三十七条 增值税起征点的适用范围限于个人。

增值税起征点的幅度规定如下：

（一）销售货物的，为月销售额5 000—20 000元；

（二）销售应税劳务的，为月销售额5 000—20 000元；

（三）按次纳税的，为每次（日）销售额300—500元。

前款所称销售额，是指本细则第三十条第一款所称小规模纳税人的销售额。

省、自治区、直辖市财政厅（局）和国家税务局应在规定的幅度内，根据实际情况确定本地区适用的起征点，并报财政部、国家税务总局备案。

36号文件规定：

第四十九条　个人发生应税行为的销售额未达到增值税起征点的，免征增值税；达到起征点的，全额计算缴纳增值税。

增值税起征点不适用于登记为一般纳税人的个体工商户。

第五十条　增值税起征点幅度如下：

（一）按期纳税的，为月销售额5 000—20 000元（含本数）。

（二）按次纳税的，为每次（日）销售额300—500元（含本数）。

起征点的调整由财政部和国家税务总局规定。省、自治区、直辖市财政厅（局）和国家税务局应当在规定的幅度内，根据实际情况确定本地区适用的起征点，并报财政部和国家税务总局备案。

对增值税小规模纳税人中月销售额未达到2万元的企业或非企业性单位，免征增值税。2017年12月31日前，对月销售额2万元（含本数）至3万元的增值税小规模纳税人，免征增值税。

而《增值税法》规定：

第二十三条　小规模纳税人发生应税交易，销售额未达到起征点的，免征增值税；达到起征点的，依照本法规定全额计算缴纳增值税。

前款规定的起征点标准由国务院规定，报全国人民代表大会常务委员会备案。

当前起征点的适用对象主要为自然人及小规模纳税人的个体工商户。《增值税法》以小规模纳税人作为起征点的适用对象，这样就不局限于自然人及小规模纳税人的个体工商户，而是所有的小规模纳税人。实际上，在实践当中，对于自然人规定起征点的意义不大，主要是自然人无法进行有效的管理。日常业务中对于个人取得劳务报酬，由其主动去计缴增值税是存在比较多困难的，这里既有利益上的考虑，也有便利性的问题。同时支付方对增值税没有法定的扣缴义务，只有在支付方要求取得发票的情形下，才会有相关自然人被动地去税务机关代开发票。由于存在诸多的因素，现实当中更多的是支付方扣缴了劳务报酬的个税后就搁置不管了！

另外，既然对于小规模纳税人，比如一家公司，取得的季度收入不超过30万元时能够享受小微企业的免增值税优惠，又何苦去"计较"自然人也能享受同样的优惠政策呢？当前政策中起征点的规定，限制了自然人享受与小微企业优惠一样的待遇，这本身就比较奇怪。《增值税法》或可调整这一现状，直接以小规模纳税人为对象，明确起征点政策。笔者认为可以直接明确月销售额为10万元标准或季度销售额为30万元标准，这样税收政策的公平性将得到体现，也会避免现实当中出现上面那样的"尴尬场景"！

对于起征点，有的人可能提出："我们是一般纳税人，这几年的收入额都不及一些小规模纳税人高，凭什么不给我们享受呢？"这确实是众口难调，一般纳税人的计缴增值税方式是以进抵销，而不是直接按收入额进行计算，所以很难将其纳入，这也是无奈之举。

另外，对于境外单位或个人能否享受起征点的待遇，笔者认为从政策原理上并不妨碍其适用相应条款。然而，由于存在无法掌握其收入额的困难，《增值税法》直接明确扣缴义务人依照该法规定代扣代缴税款的，按照销售额乘以税率计算应扣缴税额，即境外单位或个人在实际中无法适用起征点的政策。

笔者认为《增值税法》关于起征点的规定，极可能暗含着一个较大的变化。从适用主体来看，很可能已突破了"个人"（自然人与小规模纳税人的个体工商户）独享的局限。其实在36号文件当中，就已体现出来小微企业减免税待遇的相关内容，或许这一理念也在《增值税法》的制定过程中得以有效体现。

而起征点的问题，同样关联着企业所得税税前扣除凭证的问题。《国家税务总局关于发布〈企业所得税税前扣除凭证管理办法〉的公告》（国家税务总局公告2018年第28号）规定：

第九条 企业在境内发生的支出项目属于增值税应税项目（以下简称"应税项目"）的，对方为已办理税务登记的增值税纳税人，其支出以发票（包括按照规定由税务机关代开的发票）作为税前扣除凭证；对方为依法无须办理税务登记的单位或者从事小额零星经营业务的个人，其支出以税务机关代开的发票或者收款凭证及内部凭证作为税前扣除凭证，收款凭证应载明收款单位名称、个人姓名及身份证号、支出项目、收款金额等相关信息。

小额零星经营业务的判断标准是个人从事应税项目经营业务的销售额不超过增值税相关政策规定的起征点。

税务总局对应税项目开具发票另有规定的，以规定的发票或者票据作为税前扣除凭证。

上述规定中的起征点，在实践当中并没有严格地执行《增值税暂行条例》规定的幅度标准。比如在税务总局的答疑中曾提到，以当时小微企业享受免税额的10万元作为"起征点"标准，存在理解上的差异，并没有特别明确的规定。但是个人很难适用月销售额不超过10万元的标准，因为个人发生应税经营业务多是被按次认定的，如果该个人办理了临时税务登记倒是可以考虑享受。相信《增值税法》的实施条例将对此进一步明确，并有利于28号公告的标准明确。

如税务总局《2019年减税降费政策答复汇编（第一辑）》中有提到：

255.国家税务总局公告2019年第4号下发后，《企业所得税税前扣除凭证管理办法》（国家税务总局公告2018年第28号）中规定的"小额零星业务"判断标准是否有调整？

（所得税司答复）

答：《企业所得税税前扣除凭证管理办法》第九条规定，小额零星经营业务的判断标准是个人从事应税项目经营业务的销售额不超过增值税相关政策规定的起征点。考虑到增值税小规模纳税人符合条件可以享受免征增值税优惠政策，根据《中华人民共和国增值税暂行条例》及实施细则、《财政部 税务总局关于实施小微企业普惠性税收减免政策的通知》（财税〔2019〕13号）规定，小额零星经营业务可按以下标准判断：按月纳税的，月销售额不超过10万元；按次纳税的，每次（日）销售额不超过300—500元。

《国家税务总局2018年第三季度政策解读现场实录》曾提到：

6.境内支出的税前扣除凭证管理要求

（1）增值税应税项目。

A.对方为已办理税务登记的增值税纳税人。企业支出以对方开具的发票作为税前扣除凭证。也就是，凡对方能够开具增值税发票的，必须以发票作为扣除凭证。以往一些企业（如银行）用利息单代替发票给予企业，而没有按照规定开具发票，本公告发布后，必须统一按照规定开具发票。否则，相关企业发生的利息，将无法税前扣除。

B.对方为无须办理税务登记的单位。企业与一些单位发生交易，这些交易虽为应税劳务，但这些单位无须办理税务登记，无法日常开具增值税发票，此种情形，可以用代开发票或收款凭证及内部凭证作为税前扣除凭证。如从政府机关、团体收购废旧物资，这些单位无法开具增值税发票，要么代开，要么以收款凭证即可作为税前扣除凭证。
［2018-08-30 10：25］

C.对方为个人且从事小额零星经营业务，即企业与个人发生交易，且与该个人应税交易额未超过增值税相关政策规定起征点的，企业支出可以税务机关代开的发票或者收款凭证以及内部凭证作为税前扣除凭证。根据《中华人民共和国增值税暂行条例》及实施细则、《财政部 税务总局关于延续小微企业增值税政策的通知》(财税〔2017〕76号)等政策规定,小额零星经营业务可按以下标准判断:按月纳税的,月销售额不超过3万元;按次纳税的,每次(日)销售额不超过300—500元(具体标准按照各省有关部门规定执行)。但是,如果个人销售额超过上述规定,相关支出仍应以发票(包括按照规定由税务机关代开的发票)作为税前扣除凭证。[2018-08-30 10:25]

(2)非增值税应税项目。

企业在境内发生的不属于应税项目的支出,如企业按照规定缴纳的政府性基金、行政事业性收费、税金、土地出让金、社会保险费、工会经费、住房公积金、公益事业捐赠支出、向法院支付的诉讼费用等,一般情况下按以下规定处理:

A.对方为单位。企业以对方开具的发票以外的其他外部凭证,如财政票据、完税凭证、收款凭证等作为税前扣除凭证。

B.对方为个人。企业以内部凭证作为税前扣除凭证。

税务总局《小微企业普惠性税收减免政策100问》中提到:

3.按次纳税与按期纳税的划分标准是什么?

答:按次纳税和按期纳税的划分标准问题,现行规定没有明确,此次为了便于基层执行,同时最大限度释放政策红利,总局明确了执行标准,以是否办理税务登记或者临时税务登记,作为划分标准。凡办理了税务登记或临时税务登记的纳税人,均可享受月销售额 10 万元以下免税政策。未办理税务登记或临时税务登记的纳税人,除其他个人出租不动产等特殊规定外,则执行按次 500 元以下免税的政策。对于经常代开发票的自然人,我们建议主管税务机关做好辅导,引导自然人主动办理税务登记或临时税务登记,以充分享受小规模纳税人免税政策。

要注意,28 号公告中提到的"个人",与增值税政策中的"个人"是两个不一样的概念。前者是指自然人,因为个体工商户本身已办理了税务登记的情形下,应提供发票给支付方作为扣除凭证,后者明确包括个体工商户及其他个人即自然人。

2.12 关于扣缴义务人的法定义务掌握

《增值税法》规定:

第十五条 境外单位和个人在境内发生应税交易,以购买方为扣缴义务人;按照国务院的规定委托境内代理人申报缴纳税款的除外。

扣缴义务人依照本法规定代扣代缴税款的,按照销售额乘以税率计算应扣缴税额。

实际上本条款整合了暂行条例及试点政策的内容(见表 2-11)。

表2-11　　　暂行条例及36号文件相关内容

类别	暂行条例	36号文件
规定	第十八条　中华人民共和国境外的单位或者个人在境内销售劳务，在境内未设有经营机构的，以其境内代理人为扣缴义务人；在境内没有代理人的，以购买方为扣缴义务人①	第六条　中华人民共和国境外（以下称境外）单位或者个人在境内发生应税行为，在境内未设有经营机构的，以购买方为增值税扣缴义务人。财政部和国家税务总局另有规定的除外

优先以购买方作为法定的扣缴义务人，同时规定国务院可以对某些情形比如承担统一结算支付功能、个人作为购买方的情形下，设定有效便利扣缴的责任人。

---

① 本条释义

本条是关于境外纳税义务的扣缴义务人的规定。

本条是新增条款。扣缴义务人是指依照法律、行政法规规定负有代扣代缴、代收代缴税款义务的单位和个人。一般来说，必须是与纳税人之间有支付和收入关系的单位和个人才能充当扣缴义务人。之所以要设置扣缴义务人，是因为现实经济活动中有些税源分布较散，而且有些纳税义务发生时税务机关无法及时跟踪，纳税人可能也不知道自己有纳税义务、应向哪个税务机关申报纳税。所以，为了加强税源监控，方便征管，同时也方便纳税人纳税，在特定情形下，法律、行政法规会确定与纳税人有支付和收入关系的单位和个人充当扣缴义务人。

增值税征管实践中，有些在境内未设有经营机构的境外纳税人在境内提供应税劳务时，也应当向我国主管税务机关缴纳增值税。而这些境外纳税人的机构、人员都在境外，我国税务机关无法直接到境外征收税款，也无法全面掌握境外纳税人的纳税信息等，如果不设置扣缴义务人，往往无法征收到这部分增值税款。若这些境外纳税人在境内设有代理人的，则我国主管税务机关可以有效掌握该境内代理人的情况，通过该境内代理人代扣代缴增值税款较为可行；如果这些境外纳税人在境内没有代理人的，则以应税劳务的购买方为扣缴义务人，这样也能保证税款不流失。因为购买方需要支付给境外纳税人相应款项，具有代扣代缴的便利。理解本条规定的扣缴义务人时需要注意，其前提是境外纳税人在境内没有设立经营机构，如果设立了经营机构，就不存在扣缴义务人的问题；首选扣缴义务人是境外纳税人的境内代理人，如果在境内没有设立代理人的，则以应税劳务的购买方为扣缴义务人。本条规定的扣缴义务人如果不履行扣缴义务，则应根据税收法律法规的相关规定承担相应法律责任。

本条规定内容虽然简短，但却异常重要，因为它既涉及国家税务主权，又涉及扣缴义务人的法定责任的界定与后续追责的情形，还涉及购买方与境外销售方之间的税费承担约定问题。

《税收征收管理法》中对于未履行法定扣缴义务的情形作了明确规定：

第三十条　扣缴义务人依照法律、行政法规的规定履行代扣、代收税款的义务。对法律、行政法规没有规定负有代扣、代收税款义务的单位和个人，税务机关不得要求其履行代扣、代收税款义务。

扣缴义务人依法履行代扣、代收税款义务时，纳税人不得拒绝。纳税人拒绝的，扣缴义务人应当及时报告税务机关处理。

税务机关按照规定付给扣缴义务人代扣、代收手续费。

第六十三条　纳税人伪造、变造、隐匿、擅自销毁账簿、记账凭证，或者在账簿上多列支出或者不列、少列收入，或者经税务机关通知申报而拒不申报或者进行虚假的纳税申报，不缴或者少缴应纳税款的，是偷税。对纳税人偷税的，由税务机关追缴其不缴或者少缴的税款、滞纳金，并处不缴或者少缴的税款百分之五十以上五倍以下的罚款；构成犯罪的，依法追究刑事责任。

扣缴义务人采取前款所列手段，不缴或者少缴已扣、已收税款，由税务机关追缴其不缴或者少缴的税款、滞纳金，并处不缴或者少缴的税款百分之五十以上五倍以下的罚款；构成犯罪的，依法追究刑事责任。

第六十四条　纳税人、扣缴义务人编造虚假计税依据的，由税务机关责令限期改正，并处五万元以下的罚款。

纳税人不进行纳税申报，不缴或者少缴应纳税款的，由税务机关追缴其不缴或者少缴的税款、滞纳金，并处不缴或者少缴的税款百分之五十以上五倍以下的罚款。

第六十八条　纳税人、扣缴义务人在规定期限内不缴或者少缴应纳或者应解缴的税款，经税务机关责令限期缴纳，逾期仍未缴纳的，税务机关除依照本法第四十条的规定采取强制执行措施追缴其不缴或者少缴的税款外，可以处不缴或者少缴的税款百分之五十以上五倍以下的罚款。

第六十九条　扣缴义务人应扣未扣、应收而不收税款的，由税务机关向纳税人追缴税款，对扣缴义务人处应扣未扣、应收未收税款百分之五十以上三倍以下的罚款。

《税收征收管理法实施细则》规定：

第九十四条　纳税人拒绝代扣、代收税款的，扣缴义务人应当向税务机关报告，由税务机关直接向纳税人追缴税款、滞纳金；纳税人拒不缴纳的，依照税收征管法第六十八条的规定执行。

《国家税务总局关于贯彻〈中华人民共和国税收征收管理

法〉及其实施细则若干具体问题的通知》(国税发〔2003〕47号)提出这样的意见:

二、关于扣缴义务人扣缴税款问题

负有代扣代缴义务的单位和个人,在支付款项时应按照征管法及其实施细则的规定,将取得款项的纳税人应缴纳的税款代为扣缴,对纳税人拒绝扣缴税款的,扣缴义务人应暂停支付相当于纳税人应纳税款的款项,并在一日之内报告主管税务机关。

负有代收代缴义务的单位和个人,在收取款项时应按照征管法及其实施细则的规定,将支付款项的纳税人应缴纳的税款代为收缴,对纳税人拒绝给付的,扣缴义务人应在一日之内报告主管税务机关。

扣缴义务人违反征管法及其实施细则规定应扣未扣、应收未收税款的,税务机关除按征管法及其实施细则的有关规定对其给予处罚外,应当责成扣缴义务人限期将应扣未扣、应收未收的税款补扣或补收。

且不论国税发〔2003〕47号文件的效力如何,在实践当中,对于扣缴义务人的相关处理情形是比较多样化的,有的并没有严格执行《税收征管法》的相关条款规定。

一是暂不考虑处罚的事项,直接要求扣缴义务人补缴税款及滞纳金。在这种情形下,视为扣缴义务人"已扣缴了税款",只是滞后缴纳,相当于扣缴义务人来"背负税负"了。对于那种"包税"情形下的扣缴处理，这样的处理方式似乎也没有让扣缴义务人吃亏！

二是部分地区对于应扣未扣的事项，如果是轻微的情形不给予处罚，这也是一种自由裁量权的处理标准。

三是扣缴义务人未进行扣缴，税务机关直接进行处罚，此时处罚倍数通常掌握在0.5倍至3倍之间，其实于扣缴义务人而言并不见得有利。

对于纳税人拒绝扣缴的情形，扣缴义务人应及时向税务机关报告。依据国税发〔2003〕47号文件规定是需要在一日之内报告主管税务机关，但这在实际操作中极可能是存在困难的。因为对方拒绝的理由可能是多方面的，比如对于政策理解的偏差，认为不需要扣缴，或者依据税收协定或安排认为可以享受相应的待遇而不需要在支付方所在国计缴税款，也有的是因为就支付方来承担税费等问题产生争议。那么，在扣缴义务人确定需要扣缴的情形下，如果款项支付后发现应予以扣缴，此时主动向主管税务机关报告，是否可避免行政处罚呢？目前来看，并无此方面的豁免机制。

另外，对于应扣未扣情形下，如果扣缴义务人"代为"缴纳了相应的税款，此时是否存在滞纳金的问题呢？依据《税收征管法》第六十九条的规定，并不涉及扣缴义务人的滞纳金问题。只在当我们假设其扣缴了税款却未缴纳的情形下，才有滞纳金的问题。理由很简单，在"应扣未扣"的情形下，税款并未存在扣缴义务人的账上，没有产生欠缴情形，因此就不存在滞纳金。

但是，在《个人所得税法》自2019年1月1日开始施行后，也有部分税务机关认为对扣缴义务人应扣未扣个税的，在查补税款时应该加收滞纳金，其主要依据有两条：一是《个人所得税法》第十条规定"取得应税所得，扣缴义务人未扣缴税款，纳税人应当依法办理纳税申报"；二是《税收征管法》第三十二条规定"纳税人未按照规定期限缴纳税款的，扣缴义务人未按照规定期限解缴税款的，税务机关除责令限期缴纳外，从滞纳税款之日起，按日加收滞纳税款万分之五的滞纳金"，其实并不十分于法可依。

国家税务总局关于行政机关应扣未扣个人所得税问题的批复

国税函〔2004〕1199号

广西壮族自治区地方税务局：

你局《关于行政机关应扣未扣个人所得税法律责任问题的请示》（桂地税报〔2004〕45号）收悉，经研究，现批复如下：

一、关于个人所得税扣缴义务人的认定问题

根据《中华人民共和国个人所得税法》（以下简称《个人所得税法》）第八条规定，行政机关是个人所得税的扣缴义务人，其向职工支付工资、奖金、补贴及其他工资薪金性质的收入，应依法代扣代缴个人所得税。

二、关于扣缴义务人应扣未扣税款的法律责任问题

2001年5月1日前,对扣缴义务人应扣未扣税款,适用修订前的《中华人民共和国税收征收管理法》(以下简称《征管法》),由扣缴义务人缴纳应扣未扣税款;2001年5月1日后,对扣缴义务人应扣未扣税款,适用修订后的《征管法》和《国家税务总局关于贯彻中华人民共和国税收征收管理法及其实施细则若干具体问题的通知》(国税发〔2003〕47号),由税务机关责成扣缴义务人向纳税人追缴税款,对扣缴义务人处应扣未扣税款百分之五十以上三倍以下的罚款。

三、关于应扣未扣税款是否加收滞纳金的问题

按照《征管法》规定的原则,扣缴义务人应扣未扣税款,无论适用修订前还是修订后的《征管法》,均不得向纳税人或扣缴义务人加收滞纳金。

其实这比较好理解,扣缴义务人未扣缴税款,钱不在其手里,当然不存在滞纳情形。而对于纳税人而言,原本并没有产生"纳税申报义务",所以当税务机关要求扣缴、缴纳之时,才产生了缴纳税款的法定申报义务,不能简单地认为只要"应税义务"发生了就直接产生了滞纳金,主要还要看是不是到申报时点。在个人综合所得申报机制建立后,多认为个人涉及补税时在汇算清缴结束日后需计缴滞纳金。

对于上述提及的"包税"情形,通常处理方式是需要考虑"反算"。对于增值税而言,可以认为支付的款项是不含税金额,

在没有其他税费影响的情形下，直接按适用税率计算即可。在前面的内容中我们有提及，扣缴的增值税是可以用于抵扣应税事项的，企业可以结合具体事项确定是否可以抵扣。

《国家税务总局 财政部 中国人民银行关于进一步加强代扣代收代征税款手续费管理的通知》（税总财务发〔2023〕48号）规定：

法律、行政法规规定的代扣代缴税款，税务机关按不超过代扣税款的0.5%支付手续费，且支付给单个扣缴义务人年度最高限额70万元，超过限额部分不予支付。对于法律、行政法规明确规定手续费比例的，按规定比例执行。

《最高人民法院 最高人民检察院关于办理危害税收征管刑事案件适用法律若干问题的解释》（法释〔2024〕4号）规定：

第一条 纳税人进行虚假纳税申报，具有下列情形之一的，应当认定为刑法第二百零一条第一款规定的"欺骗、隐瞒手段"：

（一）伪造、变造、转移、隐匿、擅自销毁账簿、记账凭证或者其他涉税资料的；

（二）以签订"阴阳合同"等形式隐匿或者以他人名义分解收入、财产的；

（三）虚列支出、虚抵进项税额或者虚报专项附加扣除的；

（四）提供虚假材料，骗取税收优惠的；

（五）编造虚假计税依据的；

（六）为不缴、少缴税款而采取的其他欺骗、隐瞒手段。

具有下列情形之一的，应当认定为刑法第二百零一条第一款规定的"不申报"：

（一）依法在登记机关办理设立登记的纳税人，发生应税行为而不申报纳税的；

（二）依法不需要在登记机关办理设立登记或者未依法办理设立登记的纳税人，发生应税行为，经税务机关依法通知其申报而不申报纳税的；

（三）其他明知应当依法申报纳税而不申报纳税的。

扣缴义务人采取第一、二款所列手段，不缴或者少缴已扣、已收税款，数额较大的，依照刑法第二百零一条第一款的规定定罪处罚。扣缴义务人承诺为纳税人代付税款，在其向纳税人支付税后所得时，应当认定扣缴义务人"已扣、已收税款"。

关于承诺为纳税人代付税款，能否据此文件直接确定扣缴义务人已扣税款？笔者认为并不必然。在行政法领域，该意见可参考，但不宜直接据此行政执法。尽管《刑法》所规定的责任往往大于行政法中的违法责任，但二者还是各管各的事。对应扣未扣事项的判断，仍需要结合双方的约定内容、是否进行了确认等因素进一步确定，而不是仅仅依据合同条款就确定了。不过，既然刑事责任判决中有了这样的规定，那就足以说明这类事项的严肃性,即税务检查机构是可以据此向公安机关移送案件的。

2.13 增值税抵扣凭证依法或依国务院规定确定

《增值税法》未对具体的抵扣凭证进行明确,概括性地描述为依法或依国务院的规定执行,有相应的调整空间。笔者认为基于当前的抵扣凭证进行较大调整的可能性不大,极有可能直接延续当前的抵扣凭证类型及认定标准(见表2-12)。

表2-12　　　当前抵扣凭证类型及注意事项

序号	票据种类	注意事项(或有变化,以实际为准)
1	增值税专用发票	在勾选平台确认抵扣,包括电子与纸质的发票
2	机动车销售统一发票	在勾选平台确认抵扣;近年来虚开案件频发,各地有相关的报道
3	海关进口增值税专用缴款书	单抬头的在勾选平台确认抵扣,双抬头的上传海关缴款书信息,经系统稽核比对相符后在勾选平台确认抵扣
4	收费公路通行费增值税电子普通发票	在勾选平台确认抵扣,普通发票作为抵扣凭证;但若是预存费时开具的"不征税"的发票不得抵扣,使用后开具的有税额的才可以抵扣
5	农产品收购发票	纳税人购进农产品,取得一般纳税人开具的增值税专用发票或海关进口增值税专用缴款书的,以增值税专用发票或海关进口增值税专用缴款书上注明的增值税额为进项税额;从按照简易计税方法依照3%征收率计算缴纳增值税的小规模纳税人取得增值税专用发票的,以增值税专用发票上注明的金额和9%的扣除率计算进项税额;取得(开具)农产品销售发票或收购发票的,以农产品销售发票或收购发票上注明的农产品买价和9%的扣除率计算进项税额。纳税人购进用于生产销售或委托受托加工13%税率货物的农产品按10%抵扣
6	农产品销售发票	

续表

序号	票据种类	注意事项注意事项（或有变化，以实际为准）
7	解缴税款的完税凭证	纳税人凭完税凭证抵扣进项税额的，应当具备书面合同、付款证明和境外单位的对账单或者发票。资料不全的，其进项税额不得从销项税额中抵扣
8	桥、闸通行费	桥、闸通行费发票上注明的金额÷（1+5%）×5%
9	旅客运输服务	纳税人购进国内旅客运输服务，其进项税额允许从销项税额中抵扣 纳税人未取得增值税专用发票的，暂按照以下规定确定进项税额： （1）取得增值税电子普通发票的，为发票上注明的税额 （2）取得注明旅客身份信息的航空运输电子客票行程单的，为按照下列公式计算进项税额： 航空旅客运输进项税额=（票价+燃油附加费）÷（1+9%）×9% （3）取得电子发票（航空运输电子客票行程单）的：以发票上注明的增值税税额确定进项税额 （4）取得注明旅客身份信息的铁路车票的，为按照下列公式计算的进项税额： 铁路旅客运输进项税额=票面金额÷（1+9%）×9% （5）取得电子发票（铁路电子客票）的：通过登录电子发票服务平台，查询电子发票（铁路电子客票）对应的增值税税额并按规定勾选抵扣，免去按照总价进行换算的计算程序 （6）取得注明旅客身份信息的公路、水路等其他客票的，按照下列公式计算进项税额： 公路、水路等其他旅客运输进项税额=票面金额÷（1+3%）×3%

其中涉及农产品的抵扣比较复杂一些，进一步补充如表2-13所示。

表2-13 涉及农产品的抵扣

情形	销售方			购买方		
	主体身份	发票类型	征免税/率	购买方用于特例外一般事项		购买方用于生产或者委托加工13%税率货物
				抵扣率		抵扣率
农业生产者销售自产初级农产品	一般纳税人	增值税专用销售发票	销项税率9%	9%（注明税额）		10%
		免税农产品销售发票（如增值税普通发票）	免税	9%（买价总金额×9%）		10%
	小规模纳税人（除自然人外）	增值税专用发票	征收率3%	9%（不含税金额×9%）		10%
		同上	征收率1%	1%①		认为难以享受②

① 我公司是一家餐饮企业，属于一般纳税人，本月取得了小规模纳税人开具的税率为1%农产品专票，能否按9%计算抵扣进项税额？

留言时间：2021年8月30日 答复时间：2021年8月31日 答复单位：国家税务总局网站

答：根据《财政部 国家税务总局关于调整增值税税率的通知》（财税〔2018〕32号）第二条、《财政部 税务总局 海关总署关于深化增值税改革有关政策的公告》（财政部 税务总局 海关总署公告2019年第39号）第二条规定，纳税人购进农产品，原适用10%扣除率的，扣除率调整为9%。纳税人购进用于生产或者委托加工13%税率货物的农产品，按照10%的扣除率计算进项税额。以增值税专用发票上注明的金额和9%的扣除率计算进项税额；纳税人从按照3%征收率缴纳增值税的小规模纳税人取得增值税专用发票的，以增值税专用发票上注明的金额和9%的扣除率计算进项税额。

因此，你公司购进农产品，如销售农产品的小规模纳税人选择放弃享受减征增值税政策，开具3%征收率的增值税专用发票，即可按上述规定计算抵扣进项税额。

② 主要是因为基于加计扣计的比例是基于3%的征收率开具的情形下产生的逻辑，对于1%征收率情形下若不认可按9%，则很难加计扣除，不过这一情形是短期内的优惠政策，未来还是3%为主要的方向。

续表

情形	销售方			购买方	
	主体身份	发票类型	征免税/率	购买方用于特例外一般事项 抵扣率	购买方用于生产或者委托加工13%税率货物 抵扣率
农业生产者销售自产初级农产品	小规模纳税人（除自然人外）	免税农产品销售发票（如增值税普通发票）	免税	9%（买价总金额×9%）	10%
	自然人	农产品收购发票①	免税	9%（买价总金额×9%）	10%
批发、零售（非自产）初级农产品	小规模纳税人（不含自然人）	代开发票②	免税	不得抵扣	不得抵扣
		增值税普通发票	征收率3%或1%	不得抵扣	不得抵扣

① 纳税人通过增值税发票开票软件使用增值税普通发票开具收购发票，系统在发票左上角自动打印"收购"字样。
② 代开发票也属于开具的普通发票，是可以作为抵扣凭证的。比如《三亚税务推出掌上代开免税农产品增值税电子普通发票农民开票不再"多头跑"》报道中有这样的内容：据了解，农户（个人）销售自产"农产品"，可向税务机关申请代开免税农产品增值税普通发票，购买方（增值税一般纳税人）可凭发票抵扣税款。

续表

情形	销售方			购买方	
	主体身份	发票类型	征免税/率	购买方用于特例外一般事项 抵扣率	购买方用于生产或者委托加工13%税率货物 抵扣率
批发、零售(非自产销售)初级农产品	小规模纳税人(不含自然人)	增值税专用发票	征收率3%	9%(不含税金额×9%)	10%
		增值税普通发票	征收率1%	1%①	认为难以享受
	一般纳税人	增值税专用发票	免税	不得抵扣	不得抵扣
		增值税普通发票	9%	不得抵扣	不得抵扣
		增值税专用发票	9%	9%(注明税额)	10%
海关进口缴纳后再抵扣	—	—	—	9%	10%

① 我公司是一家餐饮企业,属于一般纳税人,本月取得了小规模纳税人开具的税率为1%农产品专票,能否按9%计算抵扣进项税额?

留言时间:2021年8月30日 答复时间:2021年8月31日 答复单位:国家税务总局网站

答:根据《财政部 国家税务总局关于简并增值税税率有关政策的通知》(财税〔2017〕37号)第二条、《财政部 税务总局关于深化增值税改革有关政策的公告》(财政部 税务总局 海关总署公告2019年第39号)第二条规定,纳税人购进农产品,从按照3%征收率计算缴纳增值税的小规模纳税人取得增值税专用发票的,以增值税专用发票上注明的金额和9%的扣除率计算进项税额;纳税人购进用于生产或者委托加工13%税率货物的,按照10%的扣除率计算进项税额。

因此,你公司购进农产品,如销售农产品的小规模纳税人选择放弃享受减征增值税政策,开具3%征收率的增值税专用发票,即可按上述规定计算抵扣进项税额。

你公司取得了小规模纳税人开具的3%征收率的增值税专用发票,

当前，数电发票得到了广泛的应用，极大地节约了邮寄成本、管理成本，确实是利国利民的大事；而且形成了全国统一的发票数据库，在数据共享、管理、风险识别与排查方面发挥着巨大的作用。笔者认为，基于《增值税法》的颁布，有必要对《国家税务总局关于修订〈增值税专用发票使用规定〉的通知》（国税发〔2006〕156号）进行相应的调整处理。

在增值税法二次审议稿中，进项税额曾经被描述为是纳税人购进与应税交易相关的货物、服务、无形资产、不动产支付或者负担的增值税税额。切不可小看"与应税交易相关"这7个字，一旦加上该表述，则极可能对纳税人的抵扣权益产生巨大影响。该表述似乎试图借鉴企业所得税中依据收入相关性来判断成本费用的税前扣除标准的做法。那么，为什么说不应加此定语前置呢？

比如甲公司从事研发服务，主要做AI智能化研究，有一天甲公司购入一条生产线设备，想着未来拓展一下业务领域，有人认为："这套设备与当前的应税交易不相关，不能直接转化为销售价值，与生产经营无关，不得抵扣其进项税额！"这种观点实则陷入了"依据所得税的收入相关性进行判断"的陷阱。增值税与所得税是不一样的立法与征税逻辑。甲公司购入的货物支付的货款及进项税额，相当于是国家预征的税款。既然是税款，就与"是否与应税交易相关"没有关系了。即使购入的东西是"无用的"，只要不在《增值税法》所列举的不得抵扣情形之内，就应允许其抵扣。再者说，与应税交易相关的外延太广泛了，如何判断？恐怕纳税人们将陷入极大的被动局面。

当前的增值税抵扣是以勾选确认抵扣为主要方式，并不是与企业所得税一样强调权责发生制的核算原则,不关注其什么时候发生的业务,也不是以付款作为抵扣前置条件。只要取得合法有效的凭证,纳税人就可以在取得时或未来某个时点确认抵扣。在现实当中,有的财务人员为了"合理的税负率",往往在取得进项税凭据时也不进行勾选抵扣,而是掌握节奏在后续分步进行抵扣操作。还好,现在抵扣上没有超期一说了,社会的进步、理念的进步、技术的进步、法制的进步,在增值税上体现得越来越充分、越来越广泛。最终,《增值税法》在二次征求意见之后,不再保留"与应税交易相关"的表述,这确实是《增值税法》的点睛之处。笔者也曾在征求意见中提出删除"与应税交易相关"这一表述的建议,如今看来,这也是民众参与立法发挥作用的体现。

增值税进项税额的抵扣并不是越早越好,而是要结合当前的应税、免税或简易计税方式等情形下的销售额来预测,以作出有利的选择,确定好抵扣时点,这是纳税人们自己的主观选择,税法并未予以限制。可以说,对于纳税人而言,虽然收入存在纳税义务发生时间的规范与要求,但进项税额却是以实际发生与实际申报抵扣相结合来实现的,并不存在与纳税义务发生时间相匹配抵扣的逻辑与要求。

在实务中,农产品收购发票属于自开型的"抵扣凭证。近年来围绕农产品发票的案件频发,虚开或不实开具的"成本"太低了,严重影响了税收征管秩序。在笔者所接触的木业、畜牧业、养殖业等行业中,屡有被税务机关检查、被司法机关追究刑事责任的风险事项发生。《国家税务总局关于资源回收企业向自然人报废产品出售者"反向开票"有关事项的公告》(国家税务总局公告2024年第5号）规定自2024年4月29日起，自然人报废产品出售者（以下简称出售者）向资源回收企业销售报废产品，符合条件的资源回收企业可以向出售者开具发票。其中，涉及抵扣的可以反向开具增值税专用发票。

2.14 纳税义务发生时间与纳税期限

《增值税法》规定：

第二十八条 增值税纳税义务发生时间，按照下列规定确定：

（一）发生应税交易，纳税义务发生时间为收讫销售款项或者取得销售款项索取凭据的当日；先开具发票的，为开具发票的当日。

（二）发生视同应税交易，纳税义务发生时间为完成视同应税交易的当日。

（三）进口货物，纳税义务发生时间为货物报关进口的当日。

增值税扣缴义务发生时间为纳税人增值税纳税义务发生的当日。

第三十条 增值税的计税期间分别为十日、十五日、一个月或者一个季度。纳税人的具体计税期间，由主管税务机关根据纳税人应纳税额的大小分别核定。不经常发生应税交易的纳税人,可以按次纳税。

纳税人以一个月或者一个季度为一个计税期间的,自期满之日起十五日内申报纳税;以十日或者十五日为一个计税期间的,自次月一日起十五日内申报纳税。

扣缴义务人解缴税款的计税期间和申报纳税期限,依照前两款规定执行。

纳税人进口货物,应当按照海关规定的期限申报并缴纳税款。

关于纳税义务发生时间的相关条款,延续了当前的政策标准,基本上结合收款与完成时点来掌握。这里需要厘清一个观念,纳税义务发生不代表就产生应纳税额,而是以明确的申报缴款规范进行掌握。

在当前的理解口径中,对于分期收款的纳税义务发生时点的掌握"有点乱":比如书面合同中有确定的收款日,或认为货物交付或服务完成后多少日内付款也可以确定为最后一日分期付款日;有观点认为,分期付款需要三次以上才为分期,二次的不算分期。凡此种种,值得进一步明确标准。36号文件中没有特意强调分期收款销售货物的类型,相对易于掌握,并不会产生"三次以上才算分期"的法律理解口径。

《民法典》规定:

第六百三十四条 分期付款的买受人未支付到期价款的数额达到全部价款的五分之一,经催告后在合理期限内仍未支付到期价款的，出卖人可以请求买受人支付全部价款或者解除合同。

出卖人解除合同的，可以向买受人请求支付该标的物的使用费。

《最高人民法院关于审理买卖合同纠纷案件适用法律问题的解释（2020修正）》进一步解释：

第二十七条　民法典第六百三十四条第一款规定的"分期付款"，系指买受人将应付的总价款在一定期限内至少分三次向出卖人支付。

分期付款买卖合同的约定违反民法典第六百三十四条第一款的规定，损害买受人利益，买受人主张该约定无效的，人民法院应予支持。

要注意，这是解决民事关系的处理口径，并不代表据此就可以作为税法中的前置执行标准来掌握。况且以收讫销售款项或者取得销售款项索取凭据作为纳税义务发生时间，就存在二次支付的情形。不过现实当中，让纳税人面临着"困境"的情形是开了发票，未收到款，这种情形下，仍需要计缴税款。除了对特定金融机构①开了"绿灯"之外，并不能因为发生了坏账

---

① 财税〔2016〕36号文件之附件3《营业税改征增值税试点过渡政策的规定》：四、金融企业发放贷款后，自结息日起90天内发生的应收未收利息按现行规定缴纳增值税，自结息日起90天后发生的应收未收利息暂不缴纳增值税，待实际收到利息时按规定缴纳增值税。

上述所称金融企业，是指银行（包括国有、集体、股份制、合资、外资银行以及其他所有制形式的银行）、城市信用社、农村信用社、信托投资公司、财务公司。

就可以冲减应税收入额。有人提出:"如果对方不给钱,索性自己把发票红冲不就行了!"但这样至少彼此之间的"合作关系"可能就要受到影响了。比如当前一些民营企业在与国有企业、政府部门进行合作时,对方受预算、审批等事项的影响,支付款项有滞后,这时就直接红冲吗?如果这样处理款项收回的难度是不是会更大了?因此需综合评估考虑。

一文了解:纳税人怎样开具红字数电发票?

时间:2024-12-03 来源:税务总局新媒体

为贯彻落实中办、国办《关于进一步深化税收征管改革的意见》要求,深入推进发票电子化改革,国家税务总局发布《国家税务总局关于推广应用全面数字化电子发票的公告》(国家税务总局公告2024年第11号),明确在前期试点取得积极效果的基础上,自2024年12月1日起,在全国正式推广应用全面数字化电子发票(以下简称"数电发票")。今天带你了解:纳税人怎样开具红字数电发票↓

纳税人发生开票有误、销货退回、服务中止、销售折让等情形,需要通过电子发票服务平台开具红字数电发票或红字纸质发票的,按以下规定执行:

(一)受票方未做用途确认及入账确认的,开票方在电子发票服务平台填开《红字发票信息确认单》(以下简称《确认单》)后,电子发票服务平台依据《确认单》全额或部分开具红字数电发票,或由开票方全额或部分开具红字纸质发票,无须受票方确认。其中,《确认单》需要与对应的蓝字发票信息相符。

例：2024年6月10日，F公司（已使用数电发票的纳税人）发现有一张在2024年5月31日开给G公司（已使用数电发票的纳税人）的纸质专用发票内容有误，通过电子发票服务平台查询到G公司未对取得的发票进行用途确认和发票入账。F公司联系G公司将该发票相关联次取回后，通过电子发票服务平台填开并上传《确认单》，无须G公司确认，F公司可以自行选择全额或部分开具红字数电发票或红字纸质发票。若选择红字数电发票，电子发票服务平台依据《确认单》全额或部分开具；若选择红字纸质发票，则由F公司自行全额或部分开具。

例：2024年4月，H公司（已使用数电发票的纳税人）为I公司（未使用数电发票的纳税人）提供加工劳务。H公司在2024年4月18日已为I公司开具了带有"增值税专用发票"字样的数电发票。4月20日因客观原因劳务终止，此前I公司未对该发票进行用途确认和发票入账，H公司通过电子发票服务平台填开《确认单》，无须I公司确认，H公司依据核实无误的《确认单》信息，全额或部分开具红字数电发票。

（二）受票方已进行用途确认或入账确认的（用于出口退税勾选和确认的仍按现行规定执行），受票方为已使用数电发票的纳税人，开票方或受票方均可在电子发票服务平台填开并提交《确认单》，经对方在电子发票服务平台确认后，开票方全额或部分开具红字数电发票或红字纸质发票；

受票方为未使用数电发票的纳税人，由开票方在电子发票服务平台或由受票方在增值税发票综合服务平台填开并提交《确认单》，经对方确认后，全额或部分开具红字数电发票或红字纸质发票。其中，《确认单》需要与对应的蓝字发票信息相符。

受票方已将发票用于增值税申报抵扣的，应当暂依《确认单》所列增值税税额从当期进项税额中转出，待取得开票方开具的红字发票后，与《确认单》一并作为记账凭证。

例：2023年10月，J公司（已使用数电发票的纳税人）销售一批服装给K公司（已使用数电发票的纳税人），已开具带有"增值税专用发票"字样的数电发票，K公司已对取得的发票进行用途确认。2023年11月，该批服装发生销货退回。

情形一：K公司财务人员通过电子发票服务平台填开《确认单》，选择原因和对应的蓝字发票信息，录入金额和税额。J公司财务人员通过电子发票服务平台完成确认后，J公司财务人员据此开具红字数电发票。

情形二：J公司财务人员通过电子发票服务平台填开《确认单》，选择原因和对应的蓝字发票信息，录入金额和税额。K公司财务人员通过电子发票服务平台完成确认后，J公司财务人员据此开具红字数电发票。

例：2023年11月，L公司（已使用数电发票的纳税人）

销售一批玩具给M公司（未使用数电发票的纳税人），已开具带有"增值税专用发票"字样的数电发票，M公司已进行用途确认。2023年12月，该批玩具发生销货退回。

情形一：L公司财务人员通过电子发票服务平台填开《确认单》，选择原因和对应的蓝字发票信息，录入金额和税额。M公司财务人员通过增值税发票综合服务平台完成确认后，L公司财务人员据此开具红字数电发票。

情形二：M公司财务人员通过增值税发票综合服务平台发起《确认单》，选择原因和对应的蓝字发票信息，录入金额和税额。L公司财务人员通过电子发票服务平台完成确认后，L公司财务人员据此开具红字数电发票。

另外，关于纳税义务发生时间的条款中还明确先开具发票的为开具发票的当日，关于这句话的理解，也有一些需要关注的事项。

一是先开具发票行为可能有两种情形：发了业务之后未到结算时点先开具发票，此时纳税义务发生时点为开具发票当日；未发生应税业务，但先开具了发票，此时有观点认为此时需要等应税业务发生后再计缴增值税。这个逻辑在理论上是通的，因为只是开具了发票，业务并没有发生，真正的纳税义务并不存在。在当前的虚开专用发票案例中，笔者有遇到这样的情形，即开具发票不代表产生增值税纳税义务，不产生真正的销售额。不过从征管来看，如果开具时不确认纳税义务产生销项，则进项税额的抵扣是不是也要等到销售方真正报税时才抵扣？为了国家税款销抵平衡，在征管实践中只能默认开具发票就产生了纳税义务，而不管其业务是不是真实发生，这主要是因为取得发票的一方可即时进行抵扣，系统当中的判断逻辑是基于销售方开具发票并计缴税款为前提，谁查得清何时真正开始发生业务？

二是先行开具发票是否涉及虚开发票问题。在行政法及刑法中并未将先开具发票的行为定性为虚开，如贸易业务中"先卖后买"的情形确实存在。照此理解，是不是一些"卖票"的企业可以有"护身符"呢？当遇到检查时，他们就大大方方地声称："我们是先行开具发票，后面的业务会慢慢交付的！"话虽这么说，但从行为及证据层面来看，恐怕难以支撑这种说法，且相关举证也较为困难。

国家税务总局关于纳税人对外开具增值税专用发票有关问题的公告

国家税务总局公告2014年第39号

现将纳税人对外开具增值税专用发票有关问题公告如下：

纳税人通过虚增增值税进项税额偷逃税款，但对外开具增值税专用发票同时符合以下情形的，不属于对外虚开增值税专用发票：

一、纳税人向受票方纳税人销售了货物，或者提供了增值税应税劳务、应税服务；

二、纳税人向受票方纳税人收取了所销售货物、所提

供应税劳务或者应税服务的款项,或者取得了索取销售款项的凭据;

三、纳税人按规定向受票方纳税人开具的增值税专用发票相关内容,与所销售货物、所提供应税劳务或者应税服务相符,且该增值税专用发票是纳税人合法取得、并以自己名义开具的。

受票方纳税人取得的符合上述情形的增值税专用发票,可以作为增值税扣税凭证抵扣进项税额。

本公告自2014年8月1日起施行。此前未处理的事项,按照本公告规定执行。

特此公告。

2014年7月2日
国家税务总局

关于《国家税务总局关于纳税人对外开具增值税专用发票有关问题的公告》的解读如下:

关于《国家税务总局关于纳税人对外开具增值税专用发票有关问题的公告》的解读

2014年7月8日　来源:国家税务总局办公厅

虚开增值税专用发票,以危害税收征管罪入刑,属于比较严重的刑事犯罪。纳税人对外开具增值税专用发票,是否属于虚开增值税专用发票，需要以事实为依据，准确进行界定。

为此，税务总局制定发布了《国家税务总局关于纳税人对外开具增值税专用发票有关问题的公告》。公告列举了三种情形，纳税人对外开具增值税专用发票，同时符合的，则不属于虚开增值税专用发票，受票方可以抵扣进项税额。

理解本公告，需要把握以下几点：

一、纳税人对外开具的销售货物的增值税专用发票，纳税人应当拥有货物的所有权，包括以直接购买方式取得货物的所有权，也包括"先卖后买"方式取得货物的所有权。所谓"先卖后买"，是指纳税人将货物销售给下家在前，从上家购买货物在后。

二、以挂靠方式开展经营活动在社会经济生活中普遍存在，挂靠行为如何适用本公告，需要视不同情况分别确定。第一，如果挂靠方以被挂靠方名义，向受票方纳税人销售货物、提供增值税应税劳务或者应税服务，应以被挂靠方为纳税人。被挂靠方作为货物的销售方或者应税劳务、应税服务的提供方，按照相关规定向受票方开具增值税专用发票，属于本公告规定的情形。第二，如果挂靠方以自己名义向受票方纳税人销售货物、提供增值税应税劳务或者应税服务，被挂靠方与此项业务无关，则应以挂靠方为纳税人。这种情况下，被挂靠方向受票方纳税人就该项业务开具增值税专用发票，不在本公告规定之列。

三、本公告是对纳税人的某一种行为不属于虚开增值税专用发票所做的明确，目的在于既保护好国家税款安全，又维护好纳税人的合法权益。换一个角度说，本公告仅仅界定了纳税人的某一行为不属于虚开增值税专用发票，并不意味着非此即彼，从本公告并不能反推出不符合三种情形的行为就是虚开。比如，某一正常经营的研发企业，与客户签订了研发合同，收取了研发费用，开具了专用发票，但研发服务还没有发生或者还没有完成。这种情况下不能因为本公告列举了"向受票方纳税人销售了货物，或者提供了增值税应税劳务、应税服务"，就判定研发企业虚开增值税专用发票。

另外，36号文件中对于租赁行为确定为预收款项时即发生纳税义务，而不管租赁行为是否开始发生。对此，笔者认为并不合理，这与先开具发票的情形不同，建议对此作出调整为宜。

【案例2-7】甲公司对外提供不动产租赁业务，适用一般计税方式，税率为9%，乙公司承租该不动产，租期为2025年4月1日至2026年3月31日，租金共计109万元（其中不含税金额为100万元，税额为9万元），甲公司于2025年3月预收款项109万元。甲公司就该业务的税会处理如表2-14所示。

表2-14　　　甲公司就相关业务的税会处理

税会计算	说明	备注
会计	根据权责发生制，2025年每月确认收入，2025年共确认收入100÷12×9=75（万元）	按照权责发生制由起租日开始平均确认收入
增值税	2025年3月一次性确认收入100万元，核算销项税额9万元	预收款项时确认收入
企业所得税	可以有两种处理方式供选择： （1）一次性确认收入：依据实施条例规定按承租人应付租金的日期确认收入，即2025年4月起租月一次性确认收入 （2）分期确认：依据国税函〔2010〕79号文件分期确认，与会计核算一致	有人认为一次性确认收入是在2025年3月，笔者认为所得税上是强调业务提供为前提，如果业务未提供，该款项都不属于甲公司所有；同时企业所得税是年度汇算清缴，本案例中3月或4月确认收入均不影响，因为汇缴时是一样进行纳税调整处理的，但对季度预缴会有影响

笔者认为，对于纳税义务发生时间的准确判断与处理，其中既涉及合规性问题，也需要从规划性安排的角度考虑。例如，有些集团公司施行资金统一管理模式，集团内企业之间可以进行有偿借款；在签订合同时，有时会明确按年结算利息，或者到期还本付息。近年来，由于房地产等行业发展出现较大波动，企业资金压力比较大，若仍按年结算利息，往往也难以收回相应的利息款项。此时，可以考虑将结算条款改为到期一次性还本付息的方式。如此一来，书面合同约定了还款日期，从而调整了纳税义务发生时间，能够避免出借方在未收到款项的情况下仍需计缴税款的问题，有效减轻其资金支出的压力。笔者建议提前调整合同结算条款，如果是事后补充调整合同条款，尽管可以追补确认，合同效力也能得到保障，但有可能就在这一时点上产生涉税争议，徒增解释成本。

2.15 关于纳税地点

关于纳税地点,《增值税暂行条例》与《增值税法》比较如表2-15所示。

表2-15 《增值税暂行条例》与《增值税法》比较

比较	增值税暂行条例	增值税法
纳税地点规定	第二十二条 增值税纳税地点: (一)固定业户应当向其机构所在地的主管税务机关申报纳税。总机构和分支机构不在同一县(市)的,应当分别向各自所在地的主管税务机关申报纳税;经国务院财政、税务主管部门或者其授权的财政、税务机关批准,可以由总机构汇总向总机构所在地的主管税务机关申报纳税 (二)固定业户到外县(市)销售货物或者劳务,应当向其机构所在地的主管税务机关报告外出经营事项,并向其机构所在地的主管税务机关申报纳税;未报告的,应当向销售地或者劳务发生地的主管税务机关申报纳税;未向销售地或者劳务发生地的主管税务机关申报纳税的,由其机构所在地的主管税务机关补征税款 (三)非固定业户销售货物或者劳务,应当向销售地或者劳务发生地的主管税务机关申报纳税;未向销售地或者劳务发生地的主管税务机关申报纳税的,由其机构所在地或者居住地的主管税务机关补征税款 (四)进口货物,应当向报关地海关申报纳税 扣缴义务人应当向其机构所在地或者居住地的主管税务机关申报缴纳其扣缴的税款	第二十九条 增值税纳税地点,按照下列规定确定: (一)有固定生产经营场所的纳税人,应当向其机构所在地或者居住地主管税务机关申报纳税。总机构和分支机构不在同一县(市)的,应当分别向各自所在地的主管税务机关申报纳税;经省级以上财政、税务主管部门批准,可以由总机构汇总向总机构所在地的主管税务机关申报纳税 (二)无固定生产经营场所的纳税人,应当向其应税交易发生地主管税务机关申报纳税;未申报纳税的,由其机构所在地或者居住地主管税务机关补征税款 (三)自然人销售或者租赁不动产,转让自然资源使用权,提供建筑服务,应当向不动产所在地、自然资源所在地、建筑服务发生地主管税务机关申报纳税 (四)进口货物的纳税人,应当按照海关规定的地点申报纳税 (五)扣缴义务人,应当向其机构所在地或者居住地主管税务机关申报缴纳扣缴的税款;机构所在地或者居住地在境外的,应当向应税交易发生地主管税务机关申报缴纳扣缴的税款

《增值税法》不再考虑固定业户到外县（市）销售货物或者劳务时，应当向其机构所在地的主管税务机关报告外出经营事项，并向其机构所在地的主管税务机关申报纳税的处理方式。因为这样的规定已失去实质性意义，不仅增加行政成本，还会引发不必要的纳税地争议。例如，在北京的甲公司到深圳提供加工业务，如果只是履行了相应的业务承接及处理活动，业务完成后就回到北京，并不在当地持续开展经营活动。此时，由甲公司直接向深圳的客户开具发票、结算及完成纳税义务即可，并不是说在深圳当地从事了加工业务，就需要在当地履行纳税义务。否则，每个省份都会因财政利益产生纷争，这不利于全国统一大市场的建设与促进发展。而对于列举的个别事项，明确在当地履行纳税义务，如自然人销售或者租赁不动产，转让自然资源使用权，提供建筑服务，应当向不动产所在地、自然资源所在地、建筑服务发生地主管税务机关申报纳税。

在当前政策下，对于跨地区不动产租赁、销售不动产、提供建筑服务业务的，需要在业务发生地预缴增值税，这种情形或将继续，以减少纳税地及业务发生地资源使用的平衡问题。

2.16 关注不确定事项

一部《增值税法》共计38条，非常精练，张弛有道，完整地表达了法律的原则、标准与规范。由于涉及增值税计缴的规则十分复杂、多样，那么对于当前实务中明确的一些征管事项，能否延续呢？

一是关于差额征税事项。这主要是针对难以取得进项，或者是因为涉及经纪代理服务等业务特性的特定行业，如果完全依靠增值税抵扣凭证来处理，恐怕难以实施，相应的税负成本也难以承受。比如金融商品转让，很难对应进行发票开具，特别是在交易所当中由交易系统匹配完成的交易，甚至都不知道交易对方是谁！在征求意见稿中曾有提到国务院可以对差额征税进行例外规定，虽然《增值税法》没有保留差额征税的表述，但笔者认为差额征税的情形仍极可能延续。比如简易计税方法下建筑服务分包的差额计征增值税的处理也是一样的情形，但是这种差额计算销售额计征增值税的方式，确实会对增值税以抵扣凭证支撑的基本理论造成破坏，似乎有不公平的一面。然而，由于经济业务过于复杂，总不能因追求完美的理论而对实际情况置之不理吧！当然，其中或许存在因行业或企业的推动而"争取"来的差额征税的政策，但这种情形宜少不宜多，否则可能滋生一些人为操作的潜规则事项。

二是关于混合销售类型向兼营事项的例外转化事项，会不会仍有特例？在"营改增"试点期间，对于一些业务类型和业务场景并非严格地执行混合销售的判断规则，而是由财税部门直接明确"应按"或"可按"兼营处理。此时如果纳税人能够恰当区分并按照兼营处理，倒也未尝不可。但其中的税率差所带来的利益空间很可能形成税收漏洞，比如在拆分交易金额时，将更多的金额归于低税率的业务，而将较低的金额归于高税率的业务。一旦放开自行判断的口径，估计会导致处理过程中的混乱。但有的业务确实是难以区分，比如销售家具并负责安装。

通常情形下我们是按货物销售处理的，安装只是附属销售的一个备选服务，多数家具销售公司并不对安装单独收费。但也有一些销售公司是明确单独收费的，比如大家熟悉的宜家。如果购买大型家具，安装服务是可以单独有偿加价预约的，此时的安装服务是一个备选交易事项。笔者发现，当安装服务与销售送货相分离时，与其他一些家具厂家一体送货安装是不同的，这种情形下安装服务并不必然与销售货物相互绑定同步发生，此时作为兼营处理，是比较清楚的，也容易得到认可。

三是关于简易计税事项。"营改增"试点政策中，对一般纳税人给予了较多可以适用简易计税方法的业务事项，当时主要是基于"营改增"不增加税负来考虑的。国务院立下基调，财税部门大力突破，原来营业税政策下的"条条框框"也不再坚持了，税收管理理念得到了极大的提升。笔者认为，"营改增"的意义并非仅仅在于减少了纳税人的税收计缴与管理成本，其伟大意义更在于人们思维的突破，原来那些坚守的做法，如"甲供材"计入销售额、建筑业务发生地开具发票等操作方式，回到了符合常理的思维当中，而不是局限于所谓的理论考虑，比如以税收公平性、税收漏洞为理由之类的解释，现在看起来如同一层"窗户纸"。只有适应经济发展、符合正常人思维与价值观念的法律规则，才是当下所需要的，这更彰显了法治理念的进步。

2.17 本章小结

本章内容中，笔者结合自身的理解、从业经验与案例的梳理，就《增值税法》的相关内容进行了列示、解读与分析，提出可能的发展方向、值得关注的事项等，与读者一同分享与探讨。

近年来，每一次新法的修订或制订，都会让民众感觉到理念的进步，与时俱进的发展，法治化思维越来越为老百姓所熟悉与习惯。2016年全行业"营改增"试点，其意义不仅在于减少了纳税人的税收计缴与管理成本，其伟大意义在于人们思维的突破，原来那些坚守的如"甲供材"计入销售额、建筑业务发生地开具发票的操作方式等财税人的理解逻辑在政府的大方向引导下，转变为常人思维，这是真正的税收法定与价值所在。《增值税法》无疑继续体现了这一精神与价值。

近年来，大家可能感觉比较明显的是增值税的优惠政策越来越多样化。比如税率的持续调低、小微企业税收优惠标准金额的不断提升、特定行业的增值税留抵退税政策、加计抵扣的优惠政策、扩大抵扣事项范围等，这些举措给纳税人带来了实实在在的增值税税收实惠。同时，在税收风险管理方面，借助"金税四期"、大数据智能化开发与使用、数电发票全面推广以及多部门联合打击虚开骗税等措施，极大地提升了税收征管效率与力度。如此"一手软、一手硬"两手兼顾的方式，既稳固了增值税作为第一大税种的地位，同时也使其保持了良好的增长势头。

也有专家提出："西方国家以直接税为主，即以企业所得税与个人所得税为主要的财政收入来源，我们以间接税增值税为主，应进行相应的调整！"笔者认为，不同国家的经济发展阶段存在差异，治理理念也有所不同，经济结构更不一样。以个税或企业所得税这类直接税税种为主，需要构建完善的征管体系。如果现在向高净值个人征收较重的个人所得税，同时强化对其财产的统计、查处力度，是不是更可行呢？由于我们国家的经济交易频率高、规模大，通过过程当中的增值实现增值税的缴纳，进而奠定了增值税第一大税种的地位，这与我国以生产、流通行业为主要支撑的经济结构是息息相关的。而西方发达国家基于其历史上的原始积累，形成了以投资、金融为基础的产业模式，自然就形成了以对其收益征税为主导的模式。秉持"唯西方先进论"不可取，但这并不意味着我们不研究、不借鉴、不开放，我国以增值税为主的现状，确实是由中国特色的经济模式所决定的。

另外，笔者也发现有的人提出："为什么不允许人员成本进行抵扣？人员成本无法取得进项抵扣凭证，属于非应税交易事项，但在高新技术企业、人力密集型企业中，形成的经济增加值比较高，不让抵扣人力成本不公平啊！"笔者认为，从增值税的"增值角度"考量，扣除人力成本是比较合理的，通过计算也能核算出来增值结果。然而，"羊毛出在羊身上"，如果人力成本允许抵扣，则税率或许可以设置得高一些，同样能实现国家征税的目标。税负没有绝对的公平，不宜单纯站在经济学的角度来审视国家的税收征收权。税负无论高低，其所表现出来的强制性、无偿性与固定性特点，使得对于纳税人而言，即使税额再少也是一种"负担"。当经济出现下行态势时，国家释放税收政策红利，刺激与鼓励企业发展，这本身是一种政策工具，很难用民法的思维来考虑税收问题。因为一方面税收征收并非协商的结果，也不是纳税人的意愿所能左右的，它依托国家法律的规则与法律责任体系。但从另一方面来看，税收政策制定的合理性、科学性及考虑当下调控的需要，体现了公开透明的治理理念，既保障国家的财政收入，以满足国家的公共建设、民生、教育及国防等支出的需要，同时也为纳税人营造完税之后有利润可得、有钱可挣的公平环境，并且让纳税人能够结合自身的生产经营情况，合法规划适用对自己有利的税收政策及合法的权益保护，这是纳税人应多多关注与考虑的地方。

第三章

应 对 篇

有变化,就需要考虑如何应对与适应变化。虽然《增值税法》还有半年的时间才正式施行,不过还是有许多事项可以先行考虑起来的,所谓"兵马未动,粮草先行",正是这个道理。

笔者认为,在应对方面,需要从宏观到微观与时俱进地关注与行动,特别是当下的一些企业业务模式和业务流程,就需要考虑可能存在的影响进行调整了。

3.1 关于贷款服务抵扣问题

结合《增值税法》的规定,大概率会认定贷款服务将允许抵扣,基于此假设之下,若2025年进行利息的结算,就可能对利润产生影响,同时也涉及现金流的影响。

【案例3-1】甲公司从金融机构融资借款5 000万元,

年利率为6%,即年利息为300万元,结息日为每年的12月31日。2025年12月31日将进行利息,金额为300万元,金融机构予以开具增值税普通发票,甲公司进行会计入账处理并税前扣除该财务费用。

分析: 300万元为含税销售额,金融机构核算的销项税额为300÷1.06×6%=16.98(万元)。依据当前政策,贷款服务不得抵扣,于是300万元利息全额计入财务费用。现甲公司与金融机构商定,2025年12月31日的付息约定调整为2026年6月30日支付。届时《增值税法》已实施,若如我们推测贷款服务允许抵扣,甲公司在2025年的报表中计提该不含税的利息费用,此时计入利润表的财务费用为不含税金额283.02(300-16.98)万元。

假设2025年甲公司收入1 000万元,为简化考虑,除了财务费用没有其他成本费用,试比较利润表的数据(见表3-1)。

表3-1　　　　　　　　甲公司利润表数据

项目	贷款服务不得抵扣(a)	贷款服务可以抵扣(b)	差额(a-b)
收入	1 000	1 000	0
财务费用	300	283.02	16.98
利润总额	700	716.98	-16.98
所得税(25%)	175	179.25	-4.25
税后利润	525	537.73	-12.73

很明显,贷款服务允许抵扣是相对有利的。不过在上

面的案例中，笔者没有考虑因抵扣16.98万元增值税所带来的附加税费的影响。假设附加税费率共计12%，则相应可以少交附加税费金额为2.04万元，即16.98万元×12%的结果，增加税后利润的1.53万元，即2.04万元×（1–25%）的结果，对税后利润的贡献比例为可抵扣税额的84%，即（12.73+1.53）÷16.98的结果。

要知道，上述付息约定的调整并不影响金融机构的纳税额，但会影响其现金流。从金融机构融资调整付款时点的难度大一些，但对于集团内资金池的融资借款处理，或关联方之间的融资借款处理，就相对灵活了。

不过，笔者提醒，有可能主管部门对贷款服务抵扣设置时点性的限制，即从2026年起，相应贷款产生的利息才允许抵扣，而对于2026年之前的利息结算部分不允许抵扣，甚至可能规定仅2026年开始的新贷款才允许抵扣。不排除有这样那样的限制考虑，但无论如何，提前调整或可带来利益的价值。当这样的安排没有给相关方带来损害之时，就更适宜做出各方都能接受的方案了。当然，有更好，没有也没损失，只当多一个机会。

有人提出："贷款服务会不会有资本化与费用化的区别呢？"这主要是会计上与企业所得税上考虑的因素，在增值税方面对贷款服务设置这样的条件意义不大。一方面，贷款服务允许抵扣，对于既融资借入又借出的单位而言，或可解决一个大问题。从另一方面来看，这或又将刺激贷款业务的增长，毕竟抵扣所带来的融资成本的税负下降是实实在在的。

若涉及利息结算时点调整，则对企业所得税的收入确认同样会带来影响。关于这一点，《企业所得税法实施条例》中已明确以合同约定的债务人应付利息的时点确认利息收入。对于支付方，考虑到汇算清缴税前扣除的影响，建议将调整后的支付时点掌握在汇算清缴之前，即2026年5月31日之前为宜。

而若涉及只认可2026年开始的新贷款服务才允许抵扣，此时可以采取先还清贷款后再重新贷款的方式，相当于借新还旧。但笔者推测这种限制方式出现的可能性不大。

上述探讨的问题仅为笔者的一种推测与理论探讨，具体仍需据实合规掌握，切不可"纸上谈兵"或"弄虚作假"。

在好几年前，笔者曾遇到过某行业"营改增"的全国税务检查，其中的一些问题与标题中所关注的事项有相近之处。笔者也发现税务机关的报道中提到数家涉及留抵退税的企业，被查出因拿小规模纳税人期间的进项税额来进行抵扣，最终被要求补税并处罚款。

那么，这是源于对政策本身的理解有误，还是对于违规事项的"明知故犯"呢？

从小规模纳税人到一般纳税人的转换来看，是一个静止的时点，比如某月底的最后一天与次月的第一天的"零点"时刻。但是企业的业务却是不会停止的，自然相关的结算与发票的收取也是处于持续状态。从大的原则上来看，我们现在认为有的操作大概率是有问题的。但是其中有一些细节的问题，还是要深入理解与准确掌握的，因为这既涉及自身的合规遵从义务，也关乎自身的权益保护。

【案例3-2】 某企业为小规模纳税人,其购入固定资产设备一套,取得了相应的专用发票显示有进项税额,假设税额为5 000元,相应的发票在转为一般纳税人前的月份内取得,会计做账计固定资产,并且开始投入使用。

分析: 一般的理解是该5 000元是不能抵扣的。即使该设备99%的使用时间是处于一般纳税人身份的期间,且为一般计税方法的应税收入的销项税额作出贡献,但是当下却没有支持以所谓的净值来计量可抵扣的"追溯补回"。即在相应的文件当中提到的净值转回进项税额抵扣的情形下,通常是在一般纳税人身份期间不得抵扣与可抵扣之间的转换。尽管这种情况不尽合理,且笔者认为宜给予相应的权利及考虑,但在缺乏政策支持的情况下,难以有效地实施与认可。这是需要政策"宽容"之处,宜进行相应的完善。但由于是小众事项,似乎也没有引起重视。

不过,依据目前网上勾选抵扣的数据情况,若小规模纳税人期间取得的专用发票,其信息是持续推送到转为一般纳税人后的进项信息中的,此时不经意地勾选抵扣,似乎也并非全是纳税人会计的过错。

【案例3-3】 承【案例3-2】,若上述的专用发票是在登记为一般纳税人之后开具并取得的,此时能否抵扣?我们假设它是基于纳税义务发生时间的正确操作之下的开具。

分析: 此时笔者认为应允许抵扣。因为这是在一般纳税人登记之后的基于销售方的纳税义务发生的销项所对应的进项，而增值税又没有所谓的权责发生制的概念与规则，更多是时点性的处理。若发票分两次取得：前面为小规模纳税人时取得2 500元、后面为一般纳税人时取得2 500元，笔者认为后面的2 500元税额是可以抵扣的。但如果是小规模纳税人时已经消耗掉的采购，即使登记为一般纳税人后取得专用发票，也很难得到认可抵扣。若是建筑服务，也依据纳税义务发生时间来判断是否可抵扣，是一样的逻辑。对于建筑服务，可能更好理解，本身相关服务或资产还未使用，或者没来得及使用，基本上是为后续一般计税服务所对应的投入。建议遇到相关问题，合情合理地进行争取。

或许有人说："这不是过家家嘛，这么不严肃！"诚然，税法本身就不能简单地用"严肃"一词来理解。由于其规则本身并非完全系统化，并没有考虑得那么周全细致，只能依靠是纳税人的老板或会计谨慎把握采购时点，合理取得自身的税收利益。实际上，合理但不合"法"的事项还是大量存在的。

如果采购的是新的资产或未发生的服务，笔者认为可以考虑通过退货重新购入，开具红字发票再重新取得可正式抵扣发票的方式处理。这对于一些小规模纳税人而言，是一个应对之策。当然，若从一开始就能规划好，那岂不是更好？要注意，通常这种方式是基于还存在库存，或者服务尚未发生或处于发生之中的情形，而不是在小规模纳税人计税方式下已消耗销售完毕的情形下仅仅换票。从纳税义务发生时间来看，若相应的收入体现在小规模纳税人时期，抵扣发生在一般纳税人时期，明显产生了错位,这样的处理不是很恰当。化被动为主动,税收的实体法本身就存在某些选择权,也存在一定的可筹划空间。

3.2 转售餐饮服务、居民日常服务、娱乐服务抵扣是否当下可先行"纠正"不得抵扣的认识

基于笔者前述内容中的相关分析,对于外购餐饮服务继续对外转售提供的情形,在《增值税法》亮明"态度"后,是不是可以提前一步得到抵扣认可呢?笔者对此还是有一些担心。有的人可能认为:"《增值税法》的规定就是与当前的政策规定不一样,2025年的事依当前的政策执行,2026年的事项可以依据《增值税法》非用于消费的可以抵扣的规定,新旧规定就是不一样的!"规定确实不同,估计相关部门不大会为此再作一番解释。再者说之前已有"否定"了抵扣处理的案例,现在再自我纠正允许抵扣,可能会引起更多的问题。但笔者认为,在当前的政策规定下,如果单凭"购进的餐饮服务不得抵扣",以一种绝对态度来对待,就过于狭隘地理解这个问题了。在"营改增"初期,对于外卖的餐饮用品是当作"货物"对待的,若要说这是一个"应对的理由",那后来不再将其按货物类型管理了,而是改为服务,这才归入了不得抵扣的范围。实际上,在基本的原则之下,餐饮服务若不是在购入环节就被消费了,而是被"转卖"了,那么认可其抵扣也未尝不可。这与贷款服务还不一样,原来的贷款服务是不得抵扣,现在不在不得抵扣之列了,这属于政策变化;而餐饮服务只是增加了一个定语"直

接用于消费",这明显是纠正了现实当中的一些问题、一些现象而来的。

一方面要靠纳税人自己的争取,另一方面税务机关宜打开"心结",明确转售餐饮服务情形下的抵扣规则,这将起到较好的表率作用。为此,笔者找到了全面"营改增"试点的时候,税务总局专家的相关解释:

> 一般纳税人购进的旅客运输服务、贷款服务、餐饮服务、居民日常服务和娱乐服务的进项税额。一般意义上,旅客运输服务、餐饮服务、居民日常服务和娱乐服务主要接受对象是个人。对于一般纳税人购买的旅客运输服务、餐饮服务、居民日常服务和娱乐服务,难以准确地界定接受劳务的对象是企业还是个人,因此,一般纳税人购进的旅客运输服务、餐饮服务、居民日常服务和娱乐服务的进项税额不得从销项税额中抵扣。

这里规定的是企业或个人接受劳务,而不是转售劳务,《增值税法》是进一步解释,而不是"从头开始"明确的。

3.3 视同销售,最后的"冲刺"与"机会"

结合笔者的理解,当前视同销售所列举的个别情形,一是将在2026年以视同应税交易的形式出现,二是相应的应税认定范围将有所缩减。例如,针对服务,没有再明确无偿提供情形下需视同应税交易。比如单位无偿给客户提供免费培训服务,没有单独收费，依据36号文件是需要作视同销售计缴增值税的，但到2026年这种处理就不再适用了。那么，2025年的业务该如何应对呢？

一方面，政策执行当然是基于当前有效的政策，税务机关也依此行政执法，肯定是合规的处理；另一方面，在情感上，既然都已经立法了，对于那些有利于纳税人的理解是不是应先执行呢？在税务机关的执法层面，可以就具体问题进行征管查核处理。笔者认为不宜大规模地进行"清算式"的检查、风险推送，民众的直接心理感觉还是要考虑的。在"合情"与"合法"之间，如何恰当地平衡，有时确实是个两难的问题。

《财政部 税务总局关于延续实施医疗服务免征增值税等政策的公告》（财政部 税务总局公告2023年第68号）规定：

> 为进一步支持医疗服务机构发展，现将医疗服务免征增值税等政策公告如下：
>
> 一、医疗机构接受其他医疗机构委托，按照不高于地（市）级以上价格主管部门会同同级卫生主管部门及其他相关部门制定的医疗服务指导价格（包括政府指导价和按照规定由供需双方协商确定的价格等），提供《全国医疗服务价格项目规范》所列的各项服务，可适用《营业税改征增值税试点过渡政策的规定》（财税〔2016〕36号）第一条第（七）项规定的免征增值税政策。
>
> 二、对企业集团内单位（含企业集团）之间的资金无偿借贷行为，免征增值税。

三、本公告执行至2027年12月31日。

特此公告。

财政部 税务总局
2023年9月26日

如果法律规定，无偿提供服务不再涉及增值税视同销售计税事项，那有没有企业集团单位之间的无偿借贷行为的增值税免税政策，其结果上都一样了。但我们要特别明确一个事项，当前政策明确其为免税事项，而2026年始将其直接作为不征税事项处理，而不再是免税事项。虽然结果可能是一样的，但其内涵及处理上却是大不相同。当下对于企业集团的理解，更多是以"形式主义"来判断，即以工商方面的登记信息来判断，所以要想享受到这一待遇并非易事。《企业名称登记管理规定实施办法》（国家市场监督管理总局令第82号）规定：

第十七条　已经登记的企业法人控股3家以上企业法人的，可以在企业名称的组织形式之前使用"集团"或者"（集团）"字样。

企业集团名称应当在企业集团母公司办理变更登记时一并提出。

第十八条　企业集团名称应当与企业集团母公司名称的行政区划名称、字号、行业或者经营特点保持一致。

经企业集团母公司授权的子公司、参股公司，其名称可以冠以企业集团名称。

企业集团母公司应当将企业集团名称以及集团成员信息通过国家企业信用信息公示系统向社会公示。

当前，若要查询某企业是否属于集团及集团内企业，可以在国家企业信用信息公示系统中查询。实际上，进行相关登记也不复杂。然而，如果没有办理上述登记，仅以事实来证明的话，即使母公司100%控股的子公司有数十家，也很可能不被认可导致无法享受上述免税政策，这就是"第三方证据"及"不担责"相结合的思维模式。

若贷款服务可抵扣，由于当前集团内无偿借款免征增值税及用于免税事项的进项不得抵扣的规定，会导致有贷款服务成本的进项得不到抵扣。在《增值税法》施行后，如确定无偿借款不再作视同销售处理了，同时也不属于不得抵扣事项，即无偿对外借款情形下融资发生的贷款服务进项税额是可以正当地进行抵扣的，用于抵扣其他的应税销项税额，我们可以继续关注此事项。

笔者发现，当下较多的企业因为无偿对外借款面临着被要求按视同销售补缴增值税的处理，且往往无力反驳，毕竟政策规定得很明确。下面这个案例就是一个具有代表性的样本。

×税二稽罚〔2025〕1号

行政处罚相对人：陕西××煤矿有限公司

处罚单位：国家税务总局××市税务局第二稽查局

处罚金额（元）：412 851.49　　没收金额（元）：0

处罚日期：2025-01-10

违法事实：

（一）增值税

根据《财政部 国家税务总局关于全面推开营业税改征增值税试点的通知》（财税〔2016〕36号）附件1第十四条"下列情形视同销售服务、无形资产或者不动产：（一）单位或者个体工商户向其他单位或者个人无偿提供服务，但用于公益事业或者以社会公众为对象的除外"及附件《销售服务、无形资产、不动产注释》"（五）金融服务。1.贷款服务。贷款，是指将资金贷与他人使用而取得利息收入的业务活动"之规定，2021年1月至2023年12月，你单位无偿向股东提供借款应视同贷款服务缴纳增值税，期间累计借款金额合计311 000 000元，按照中国人民银行每月公布的全国银行间同业拆借中心贷款市场报价利率（LPR）计算，累计利息收入11 314 946.11元，应补缴增值税640 468.65元。其中2021年应补缴增值税33 255.28元，2022年应补缴增值税29 937.11元，2023年应补缴增值税577 276.26元。

上述税收违法行为，有以下证据证实：

证据1：陕西××煤矿有限公司向外提供借款统计表、2021年至2023年度其他应收款明细账，用于证明借款的金额及日期。

证据2：其他应收款记账凭证、借款审批单、国内支付业务付款回单，用于证明借款的具体内容。

证据3：股东分红协议、记账凭证，用于证明2021年度及2023年部分借款的下账日期。

（二）城市维护建设税

根据《中华人民共和国城市维护建设税法》第一条"在中华人民共和国境内缴纳增值税、消费税的单位和个人，为城市维护建设税的纳税人，应当依照本法规定缴纳城市维护建设税"、第二条"城市维护建设税以纳税人依法实际缴纳的增值税、消费税税额为计税依据"之规定，在查补增值税的同时，应补城市维护建设税32 023.43元。

（三）印花税

买卖合同印花税 根据《中华人民共和国印花税法》第一条"在中华人民共和国境内书立应税凭证、进行证券交易的单位和个人，为印花税的纳税人，应当依照本法规定缴纳印花税"。

违法行为类型：其他违法

处罚结果：对你单位处因偷税少缴的增值税、城市维护建设税、印花税税款百分之五十的罚款共计412 851.49元。

处罚依据：根据《中华人民共和国税收征收管理法》第六十三条第一款"纳税人伪造、变造、隐匿、擅自销毁账簿、记账凭证，或者在账簿上多列支出或者不列、少列收入,或者经税务机关通知申报而拒不申报或者进行虚假的纳税申报,不缴或者少缴应纳税款的,是偷税。对纳税人偷税的,由税务机关追缴其不缴或者少缴的税款、滞纳金,并处不缴或者少缴的税款百分之五十以上五倍以下的罚款;构成犯罪的,依法追究刑事责任"之规定。

与此案例相似,笔者曾接触过多个涉及无偿借款被要求按视同销售补缴增值税的案例。尽管政策规定得比较清楚,但是笔者认为税务机关在处理时存在一些值得探讨的地方(见表3-2)。

表3-2　涉及无偿借款被要求视同销售的处理探讨

事项	关注事项	评价
纳税义务发生时点判断	对于某些持续的无偿借款,在不满足免税政策的情形下,其纳税义务是以当年结束时点来确定,还是可以等服务结束来确定?比如笔者接触的某地税务检查意见认为以每年结束时点确认当年的纳税义务发生,并要求补缴相应的滞纳金	视同销售的纳税人发生纳税义务发生时间依据为服务、无形资产转让完成的当天或者不动产权属变更的当天。笔者认为以检查截止点进行确定较为合理,毕竟没有相应的收入,是虚拟出来的收入,认定其之前时间节点"取得收入"是不合理的,依政策规定是在服务完成时,但无偿借款的服务完成了吗
关于视同销售计算利息的利率确定问题	这是核定销售额的处理,如前面案例中使用的同业拆借的利率,也有的按人民银行对外提供的贷款基准利率来确定,均有其合理性	尽管看着比较公平,但是关联方借款的风险考虑因素往往与市场上的风险考虑因素存在不同
预付业务款项不属于无偿借款	对于有业务发生或拟进行发生的情形,当基于业务基础下的款项预支付时,不属于借款性质,不宜套用视同销售的规则	对于存在合作项目、业务合作等情形下发生的借款,建议通过合同协议进行提前明确

有人提出:"2025年有没有办法对无偿借款视同销售的风险进行规划考虑呢?"如果仅仅适配当前36号文件视同销售的确认条件,从合规的角度,是存在计缴确认问题的。但正如笔者所说,无偿借款情形下视同销售纳税义务时点的确定需要以文件规定的条件为前提,而不是"陷入"应收应计的"权责发生制思维陷阱"之中。实际上,在没有税务检查时,该事项如同"本来无一物",只是在税务检查时才有"此物",就应在此时点要求确认收入为宜。人为地将一年截断为一段来确认,在增值税上并无此税务处理依据。增值税是按期计税,不存在汇算清缴的概念,且这样做也没有实际意义,它本质就如同一本"流水账"!依据当前的规定,应在服务结束后即收回款项或因故收不回确定损失后确认收入为宜。试想,对于到期还本付息的贷款服务计缴增值税的时点也是在合同约定的收款时点确定增值税纳税义务,那么对于视同销售,是不是更应"宽容理解"呢?视同销售并不代表即时确定纳税义务发生,而是要进一步确定纳税义务发生时点!

但上述观点仅为一家之言。再者说财税部门没有规定,主管税务机关或稽查机关是有自己的理解判断的,考虑到纳税人可能处于相对"弱势"的地位,有的纳税人可能会考虑采用有偿借款的方式。

【案例3-4】 2025年4月,甲公司向乙公司无偿借款1 000万元,双方不属于集团内可享受免税的情形。甲、乙公司经协商认为还是先签订一份有偿借款协议,约定年利率为8%,还款付息日为2028年4月。假设2026年《增值税法》实施,对于无偿服务不再确定为应税事项,甲公司主动提出:"我们将合同改一下吧,将原来约定的利率8%改为无偿!"

分析: 在有偿服务的情形下,依据甲、乙公司之间真实的书面合同约定,2025年应计利息并可确认为会计收入,但是未到企业所得税确认收入的日期,也未到增值税纳税义务发生日期,当年暂不涉及计税考虑。2026年重新调整了利息结算条件,极端的情形下改为无偿借款,这时会计上需要冲减原来的收入,增值税上不再有收入纳税的情形,也没有视同销售的计税情形。至于企业所得税是否对无偿借款进行视同销售处理的要求,在《企业所得税法实施条例》中没有明确的规定①。在实务中,有的税务机关工作人员认为需要进行所得税视同销售的处理,有的认为不需要考虑视同销售的处理。笔者认为,若从理论上考虑,可以借鉴考虑视同销售,但所得税的视同销售就较为复杂一些,需要考虑视同销售收入与视同销售成本的问题。外借资金与自有资金对外进行无偿借款,在理解上似乎又存在差异,不过,在企业所得税上还存在关联方从反避税角度进行考虑,但其前提是基于关联方交易。如果对于非关联方,企业所得税的政策中又没有像增值税政策中的核定征收规则,这就陷入了两难境地。于此,建议进一步查阅企业所得税纳

---

① 《企业所得税法实施条例》第二十五条规定:企业发生非货币性资产交换,以及将货物、财产、劳务用于捐赠、偿债、赞助、集资、广告、样品、职工福利或者利润分配等用途的,应当视同销售货物、转让财产或者提供劳务,但国务院财政、税务主管部门另有规定的除外。

税申报表及其填报说明中的有利描述。在笔者接触的案例中还未发生过无偿借款需进行企业所得税视同销售的处理。

上面的案例仅作技术性讨论，需要结合业务事实来进行政策适用处理，而不是提前进行"设计"以规避涉税义务。毕竟，主观意图与表述很容易将合理、真实的事情变成"虚假业务"，甚至被认为是偷税行为。

当无偿提供服务不再被以视同应税交易认定应税义务之后，若适用一般计税方法，在国务院没有明确规定的情形下，其进项税额仍是可以抵扣的。首先，不作视同应税交易，也不代表服务在此环节是增值税的终端被消费掉了，因为服务延伸到下一环节，下一环节也得不到相应的抵扣。如果再次对外发生应税交易行为，增值计税又得到"补偿"了。通常而言，于国家层面并没有"吃亏"。其次，增值税一般计税中的不得抵扣事项，是列举式的，千万不要陷入要与应税交易的收入相关才能得到抵扣的误区，这在《增值税法》中的不得抵扣事项已清楚地列明[1]，未来对于不得抵扣事项有扩展空间的是"国务院规定的其他进项税额"。最后，我们可以设想，纳税人取得的进项，

---

[1] 第二十二条　纳税人的下列进项税额不得从其销项税额中抵扣：
（一）适用简易计税方法计税项目对应的进项税额；
（二）免征增值税项目对应的进项税额；
（三）非正常损失项目对应的进项税额；
（四）购进并用于集体福利或者个人消费的货物、服务、无形资产、不动产对应的进项税额；
（五）购进并直接用于消费的餐饮服务、居民日常服务和娱乐服务对应的进项税额；
（六）国务院规定的其他进项税额。

相当于是转化到了上一链条纳税人的税额计算中,对于下游纳税人而言,如果认为没有与应税收入相关就不得抵扣,那么上游环节计缴税款,下游环节的增值税链条会存在较多不得抵扣的情形,增值税的净贡献额会越来越大,而我们所说的增值税是消费者来负税的理论逻辑也就混乱了。缩限不得抵扣事项,体现增值税这一中性税种的功能。国家征税相当于是先行取得了税款,即财政收入,进项抵扣是向后递延的,理论上可能当月就能得到抵扣,但也存在更晚才会得到抵扣的情况。当抵扣滞后,就会先体现为入库财政收入,在这种情形下,再从绝对值上"限制抵扣"就会破坏抵扣链条的延续。我们在思考增值税问题的时候,需要从整个链条来考虑,而不是只关注一两个环节的利益"得失"问题。

与此同时,视同销售中对于服务的"放弃",将极大地解决现实当中某些可能的涉税风险事项,比如如表3-3所示的这些事项。

表3-3　　　　　　　　可能的涉税风险事项

事项	描述	评价
提供试用、试吃、体验等商业促销活动	不因提供了使用服务还要承担额外的"税费"	将大大减少企业的税收管理成本及纳税成本,节约企业商业促销费用。不过仍要关注偶然所得的法定扣缴个税的义务
销售业务中提供免费培训、免费服务等"打包"服务	虽是销售业务中类似"买一赠一"的业务方式,但由于增值税政策中并没有"打包"销售分摊统算的计税规定,不排除仍有要求对额外赠送的服务按视同销售计税的情形	对于企业的业务经营活动的服务事项"搭配组合"不再受制于视同销售的计税规则

续表

事项	描述	评价
总分机构或母子公司间提供业务支持的安排	相当一部分集团公司统一采购设备、无形资产并向分支机构提供使用或者提供管理支持服务	对于货物的使用权、无形资产使用权、服务,如果是免费的,则不再被视同销售计缴增值税所困,虽然实务当中少有税务机关对此发起广泛性的挑战,但在某些个案中却也是让集团型企业很"头疼"
赠送积分服务的情形	之前对于积分销售,多认为是之前付过款项已计缴税款了,所以积分消费服务不应再计缴增值税,现在即使认为是赠送亦不会被"折腾"解释了	广泛存在的积分消费,是当下经济生活中比较常见的业务竞争方式,于企业而言,无疑是一种"解脱"

其实,对于服务的视同销售增值税管理,在实务中的处理是极不完整的。尽管有政策规定,但囿于证据无法有效锁定,呈现出"来无影去无踪"的状态,征管成本极高。有痕迹可循的无偿借款就成了其中的"典型代表"。笔者发现了很多对无偿借款要求按照视同销售征税的案例,这让纳税人"苦不堪言"。这样的情形,还是得坚持到2025年底。因为这里涉及公平性问题,既然是无法穷尽的,被要求征税者自然"不服气"。在这种情形下征税,也不利于征纳双方的和谐相处!

【案例3-5】甲公司对外销售一种洗碗机,其市场定价为999元,每逢节假日会举行一些促销活动。在2025年春节之际,业务人员草拟了一份商业活动方案,每销售到千台的时候,如第1 000名下单者,将按1元销售。对于此促销方案,财务人员提出:"有税务风险,建议可打7折销售！"但这样吸引眼球的效果并不亮眼，于是公司想进一步确认其可能面临的风险。

分析： 在这个设计方案中，笔者认为首先评估其商业合理性。当价格明显偏低但有正当理由的，不在反避税的核定调整之列。这样的商业活动没有违反物价管理制度，也没有损害相关方的合法权益，是一种正常的商业促销活动，即使销售价是1元，也不需要进行核定。这里要关注一下，《增值税暂行条例》仅提到了价格明显偏低并无正当理由的情形，36号文件才提到了价格明显偏低或者偏高且不具有合理商业目的的情形，《增值税法》则承接36号文件，规定了销售额明显偏低或者偏高且无正当理由的情形。因此，在企业所得税上也不存在调整之需，因为这是基于非关联方交易的业务。在个人所得税方面，通过折扣折让方式向个人销售商品（产品）和提供服务的，无须对差价征收个人所得税。

笔者在这里需要提示读者区分视同销售与折扣销售的差异。也就是说，不具有合理理由的情形下价格明显偏高或偏低时，应该核定销售价格，而不是按照视同销售处理，视同销售是基于无偿情形下的处理。

同时我们要了解，在商业经营活动中，哪有那么多的无偿呢？有时往往是"羊毛出在羊身上"。视同销售有时是一个"陷阱"，不经意说了"无偿""免费"，很可能给自己带来不必要的税负成本。比如"买一赠一"的方式，赠送是有前提的，还有类似"免费维保期更换配件"的情形，都不是简单的赠送行为，其有偿性体现在其他的销售对价中了。在这种情形下，有的税务机关人员比较"通情达理",认可这样的有偿性解释,但也不排除有的人员"机械式理解",认为既然单项行为是赠送的,那么就是无偿,需要按视同销售计缴增值税。笔者在实务中遇到过这样的理解,而且纳税人解释起来确实比较费劲。为了减少这样的争议发生,笔者认为可以考虑分配一定的金额给赠送的货物,在商业宣传与会计处理上体现出来,或者以打包的形式进行销售,会计上做拆分收入处理,而不是将全部收入记在一项货物收入下,另一项货物作为销售费用处理,否则会进一步增加解释的难度。

至于《增值税法》中提到"单位和个体工商户将自产或者委托加工的货物用于集体福利或者个人消费"的视同销售情形,笔者认为要准确理解集体福利与个人消费的范围,不宜扩大化解读。比如,要区分是福利还是正当的办公之需,公司自产的文具用品给员工使用,这种情形不属于集体福利或个人消费,是为生产经营之需的投入,不需要做视同销售;采购原材料、水电等的进项税额也可以正当抵扣。当然,外购的也可以依规抵扣。

现实当中,对于视同销售应计税而未计税的情形是非常多见的,此时,如果税务机关发现后要求补缴增值税,是否会被定性为偷税呢?答案是很有可能!比如笔者在企查查中发现了这样的处罚案例(摘录):

×税稽罚〔2025〕11号

行政处罚相对人:西藏××商贸有限责任公司

处罚金额(元):720 391.05

处罚日期:2025-01-22

违法事实：你公司存在视同销售行为，少缴税款。

违法行为类型：逃避缴纳税款

处罚结果：对你公司增值税、城建税、企业所得税处以少缴税款50%的罚款，即对其增值税处以533 920.04元罚款、对城市维护建设税处以28 153.48元罚款、对企业所得税处以158 317.53元罚款。

处罚依据：根据《中华人民共和国税收征收管理法》（中华人民共和国主席令第49号）第六十三条第一款规定，对纳税人偷税的，由税务机关追缴其不缴或者少缴的税款、滞纳金，并处不缴或者少缴的税款百分之五十以上五倍以下的罚款；构成犯罪的，依法追究刑事责任。

笔者理解，企业对视同销售情形应处理而未处理导致未计缴增值税，其原因较为多样。其中包括政策理解不到位，因为没有销售对价便未将其确认为计税收入。从偷税定性角度分析，多数不存在《税收征管法》所规定的偷税情形，企业偷税的主观故意性值得商榷。

《税收征管法》第六十三条规定：

第六十三条　纳税人伪造、变造、隐匿、擅自销毁账簿、记账凭证，或者在账簿上多列支出或者不列、少列收入，或者经税务机关通知申报而拒不申报或者进行虚假的纳税申报，不缴或者少缴应纳税款的，是偷税。对纳税人偷税的，由税务机关追缴其不缴或者少缴的税款、滞纳金，并处不缴或者少缴的税款百分之五十以上五倍以下的罚款；

构成犯罪的,依法追究刑事责任。

扣缴义务人采取前款所列手段,不缴或者少缴已扣、已收税款,由税务机关追缴其不缴或者少缴的税款、滞纳金,并处不缴或者少缴的税款百分之五十以上五倍以下的罚款;构成犯罪的,依法追究刑事责任。

对于视同销售的涉税处理,往往在会计账簿上不需要确认收入,仅需要计列税费。进一步看,如果税务机关通知申报而拒不申报,这种情形下再定性为偷税有其合理性。

另外,在现实中,对于视同销售与不得抵扣还有一个理解误区,需要有一个正当的分析逻辑。比如公司购入茶叶用于接待之用,依照当前的政策理解,此属于个人消费,不得抵扣进项税额。茶叶不是企业自产或委托加工的情形,不需要进行视同销售处理;再比如,企业购入的茶叶礼品盒,用于答谢客户赠送之用,此时也可以认为是业务招待费,但并不是消费,它是被赠送给下一环节了,不管下一环节是单位还是个人,此属视同销售的情形,而不是不得抵扣的情形。尽管有上述差异,但是在税额影响上可能差异并不大,甚至两者是相同的。此时,企业可能有以下三种做法:

一是直接不要销售方开具的专用发票,而是取得普通发票,不作抵扣处理。这种情形下易产生的被动局面是当要求按视同销售处理时,由于没有进行抵扣,"白白"损失了利益。

二是取得了销售方的专用发票,也进行了勾选抵扣,但企业作了进项税额转出。如果企业被要求按视同销售处理,则可以要求将之前转出的进项税额调整回来，这是正当的要求。

三是取得了销售方的专用发票，进行了勾选抵扣，同时作了视同销售处理。这种情形下一般就不会产生计税争议了，是合规的税务处理方式。

但对于小规模纳税人而言，由于不存在抵扣的问题，一旦被要求按视同销售处理，就会导致"硬生生"的税负增加，对企业现金流产生影响。

《增值税法》中规定的"单位和个人无偿转让无形资产、不动产或者金融商品"的视同销售情形中，何为"金融商品"？估计后续的实施条例等文件会对其范围作出进一步解释。

一方面，我们为《增值税法》对视同销售范围缩限的处理点赞，有担当，勇于破解传统思维，而不是纠结于财税规则的理论追求，也没有为多得点财政收入而"斤斤计较"；另一方面，对于视同销售，从增值税整体链条来看，其实多数情形下并没有损害增值税税收利益。如果一方缴纳了，而另一方得不到抵扣，这会导致"挤出"更多的税款，但并不一定带来更好的经济发展。

3.4 关注"价外"结算款项的陷阱

这么多年来，大家习惯了"价外费用"需计税的逻辑，其实心里并不一定赞同。"明明不属于纳税人的收入，硬安在纳税人计算增值税的收入基数当中！"这样的处理很可能超出了人们的常规思维和朴素理解！不宜以"税收漏洞"为由制定普遍化的征税规定，而法治的进步就在于精准适配纳税义务，尊重纳税人间的民事约定，尊重纳税人的权益，这不仅是税收征管水平提高的表现，更是人的理念的转变。

《增值税法》规定：

> 第十七条 销售额，是指纳税人发生应税交易取得的与之相关的价款，包括货币和非货币形式的经济利益对应的全部价款，不包括按照一般计税方法计算的销项税额和按照简易计税方法计算的应纳税额。

上面的规定锁定了两个方面：一是与应税交易相关，如果不相关的，即使客户将相关款项一并支付，也并不需要并入销售额。比如客户一并归还了之前的借款，与本次的销售款项一并进行转账结算，这种情况是能够解释清楚的；二是价款，即属于对价的组成部分，比如一并支付的滞后付款利息、违约金等，这相当于是附着在价款之上的附加款项，最为关键的是属于纳税人自身所有。如果只是代收款的"中间经手方"还要收一道增值税，那么相应的最终取得方就可能再缴一次税，这样的情形极可能存在，并非仅仅局限于代行政事业单位进行的收费。实务中为了解决这样的问题，有的企业采取了较"笨"的办法。比如，为第三方企业（如代集团公司的下属公司收款的情形）代收款项时，采取了收款拆分的方式，由一家销售企业收取销售款项，另一家非销售企业协助代收款项，这样就避免了单一主体收款存在的计税风险。

条款当中提到不包括销项税额或应纳税额，这一点没争议，这本身就是要缴纳给国家的税款。在实务中,我们接触得比较多的理论是:"负税人是客户,是消费者,与纳税人无关!"但怎么会无关呢?纳税人在计税算税时,在收到一样的对价的情形下,自己来计缴税款。如果有税收优惠政策计缴得少,那么受益的肯定就是自己,客户或消费者并不知道销售方是不是最终把其理论上应承担的负税款项足额计缴了。再者说,对于一般计税方法的纳税人与小规模纳税人,同样的一碗面,都卖20元,但一般计税方法的纳税人税率是6%,其纳税多少需要评估其对应的进项税额的情况;小规模纳税人当前的征收率优惠政策为1%,如果当季收入30万元及以下还是免税的。这种情况下,纳税人的税务安排包括业务模式、组织架构等就非常重要了,客户或消费者是负税人没错,但计缴多少税款方面,纳税人是可以选择安排的,千万别被"负税人"的理论所迷惑了。当前税务机关对于人为拆分收入违规享受小微企业免税的情况已经开始关注与处理,建议以做实为根本。

现行《增值税暂行条例实施细则》对于价外费用解释如下:

第十二条 条例第六条第一款所称价外费用,包括价外向购买方收取的手续费、补贴、基金、集资费、返还利润、奖励费、违约金、滞纳金、延期付款利息、赔偿金、代收款项、代垫款项、包装费、包装物租金、储备费、优质费、运输装卸费以及其他各种性质的价外收费。但下列项目不包括在内:

(一)受托加工应征消费税的消费品所代收代缴的消费税;

（二）同时符合以下条件的代垫运输费用：

1.承运部门的运输费用发票开具给购买方的；

2.纳税人将该项发票转交给购买方的。

（三）同时符合以下条件代为收取的政府性基金或者行政事业性收费：

1.由国务院或者财政部批准设立的政府性基金，由国务院或者省级人民政府及其财政、价格主管部门批准设立的行政事业性收费；

2.收取时开具省级以上财政部门印制的财政票据；

3.所收款项全额上缴财政。

（四）销售货物的同时代办保险等而向购买方收取的保险费，以及向购买方收取的代购买方缴纳的车辆购置税、车辆牌照费。

36号文件规定：

第三十七条　销售额，是指纳税人发生应税行为取得的全部价款和价外费用，财政部和国家税务总局另有规定的除外。

价外费用，是指价外收取的各种性质的收费，但不包括以下项目：

（一）代为收取并符合本办法第十条规定的政府性基金或者行政事业性收费。

（二）以委托方名义开具发票代委托方收取的款项。

《增值税法》不再以价外费用来扩大计税基数的边界，而称为价款，是一种常规的表达方式。试问，有几个人能解释明白价外费用是什么呢？有时甚至将押金作为价外费用考虑，这根本就不是价款，而是一项负债。之前有的税务人员认为："先征税，如果将来退了押金，再办理退税！"后来业界的认识发生了变化，大家不再机械地理解条款了，更多的是尊重事实，确定法定归属权才是关键。未来我们需要结合实施条例对销售额的进一步规定来掌握，至少目前来看，本次《增值税法》的相关表述是一次对价值法定权属认识的常识回归，笔者认为这样的规定老百姓更容易理解。

3.5 "共用型不动产、固定资产、无形资产"抵扣考虑

36号文件在不得抵扣进项税额的事项中有这样描述：

用于简易计税方法计税项目、免征增值税项目、集体福利或者个人消费的购进货物、加工修理修配劳务、服务、无形资产和不动产。其中涉及的固定资产、无形资产、不动产，仅指专用于上述项目的固定资产、无形资产（不包括其他权益性无形资产）、不动产。

纳税人的交际应酬消费属于个人消费。

后来财税部门进一步明确，《关于租入固定资产进项税额抵扣等增值税政策的通知》（财税〔2017〕90号）规定：

自 2018 年 1 月 1 日起，纳税人租入固定资产、不动产，既用于一般计税方法计税项目，又用于简易计税方法计税项目、免征增值税项目、集体福利或者个人消费的，其进项税额准予从销项税额中全额抵扣。

结合《增值税法》不得抵扣事项：

第二十二条 纳税人的下列进项税额不得从其销项税额中抵扣：

（一）适用简易计税方法计税项目对应的进项税额；

（二）免征增值税项目对应的进项税额；

（三）非正常损失项目对应的进项税额；

（四）购进并用于集体福利或者个人消费的货物、服务、无形资产、不动产对应的进项税额；

（五）购进并直接用于消费的餐饮服务、居民日常服务和娱乐服务对应的进项税额；

（六）国务院规定的其他进项税额。

结合当前的政策，其中确实存在可筹划安排的空间。例如，如果购买一幢大楼，本来全是用于简易征税事项，此时按照政策规定不得进行抵扣。但纳税人据实安排了一个房间，专门从事一部分贸易业务，且企业对该贸易业务按一般计税方法纳税，这时依据政策，大楼的进项税额就可以全额抵扣贸易业务的销项税额了。不过在这个案例中，可能因为销项税额不会太大，本身有其对应的货物采购进项可抵扣，估计需要较长的抵扣期。

如果销项税额比较大，那么这种抵扣的安排是比较有利的。《增值税法》对上述非专用情形是否可全额抵扣没有明确，对此笔者持乐观态度，但也不排除需要进行分割抵扣的处理。这里我们就要特别注意增值税按期纳税（一般是按月）的方法了，比如是采用测量法还是收入比例法，其中存在比较大的弹性空间。如当月一般计税方法的收入是1 000万元，但是简易计税、免税收入等不得抵扣事项对应的收入是10万元，那么就在此月取得进项勾选抵扣，或者此前已取得进项发票但在此月勾选抵扣，本身就是有一定的主观选择性。即使按年度进行统算收入比例等处理，也肯定是存在调节空间的。将收入的主观安排空间与抵扣时点的主观选择相结合，纳税人的抵扣利益可以得到较好的规划。在此要重点提醒，纳税人不要做虚假申报，而应基于据实发生的业务依法进行选择。

尽管有乐观的预测，但是如果有的单位有购进不动产的计划，也可以在2025年进行采购，至少在当前的政策下，是有较为确定的抵扣标准的，能够及时锁定抵扣税额的机会，这是纳税人主观选择，但适配的税收政策是合规的。如果有的单位明显就是出口免税的贸易企业，或者从事的就是简易计税的项目，并且也不准备转为一般计税方法，对抵扣事项没有"兴趣"，也就没必要安排这方面的规划了。

3.6　差额计税如何处理

《增值税法》中没有给差额征税指明方向，但是差额征税的现状似乎又存在相应需求。这种需求是基于客观条件形成的，比如适用简易计税的建筑业分包业务、劳务派遣差额简易计税等问题，由于相应的人工费用支出无法进行抵扣而就其全额计缴增值税，似乎会让这个行业难以维系经营，故而"不得不采取"变通的方法，给予其差额简易计税处理。这本身其实是有违增值税的链条完整性的。增值税的理论虽看似完美，却要为经济服务，考虑行业的特殊性，同时又不大可能设置过多的差异税率，因此采用差额进行增值税计缴管理是比较务实的做法。但差额征税毕竟是属于"会哭的孩子有奶喝"的一种特事特办的情形，在一定程度上存在着不公平的问题。毕竟存在这种需求的情形是比较多的，但给予照顾的情形毕竟只能是少数。"营改增"试点时，考虑到税负"只减不增"的统筹安排，承继了营业税差额的计税方法，也属特定时期的临时性政策。长远来看，特殊性越少，税法的刚性才能越强，所带来的稳定性将通过市场的调节机制加以磨合消化。比如，当不是采用差额征税时，在支付进项税额款项时，所付出的资金具有抵扣的价值，属于资金的暂时流出，后续又将得到扣减抵销，在这种情形下，其实增值税的多少，在完整的抵扣链条下往往只是一种暂时性的支出事项。不过，市场交易已习惯了缴得少、收得少的做法。要改变这种思维，还是会存在一些困难，加上对资金流的影响和对于结算周期的考虑，都是相关的影响因素。

还有些差额似乎是人为"想象"出来的，存在人为因素影响。在笔者接触的业务、行政或刑事案件中，已经发现其带来了比较大的困扰，影响了发票的正常发挥作用，有的情形下扰乱了票据管理的秩序，甚至有的人因此受到刑事处罚。比如《财政部 税务总局关于进一步明确全面推开营改增试点有关劳务派遣服务、收费公路通行费抵扣等政策的通知》（财税〔2016〕47号）中有这样的规定：

（一）纳税人提供人力资源外包服务，按照经纪代理服务缴纳增值税，其销售额不包括受客户单位委托代为向客户单位员工发放的工资和代理缴纳的社会保险、住房公积金。向委托方收取并代为发放的工资和代理缴纳的社会保险、住房公积金，不得开具增值税专用发票，可以开具普通发票。

一般纳税人提供人力资源外包服务，可以选择适用简易计税方法，按照5%的征收率计算缴纳增值税。

笔者猜测，当时可能并没有考虑太多，为了行业的特殊发展，允许其"可以"就其代发工资与代缴社保等支出开具普通发票。这类发票不属于应税发票，也不属于不征税发票类型之列，就是单纯允许开具发票！目前存在"全额普通发票"与"差额发票"两种发票。差额发票还好，会清楚地显示出来代发或代缴的金额。但全额普通发票就容易"混淆是非"了，笔者接触到有的人力公司以"人力资源外包服务"为形式载体，编造虚假信息，开具差额发票给受票方入账税前扣除，相应资金回流。如果没有真实业务支撑，这属于虚开发票行为。而受票方的老板或会计以为凭其开具的普通发票就可以"名正言顺"地入账税前扣除了，其实这是对税收政策的错误理解。首先，文件明确了代发工资与代缴社保等支出是属于经纪代理服务，"受人之托，办人之事"，相关人员的用工关系并未因此发生改变,这张"可以开具的发票"本身只起到收款票据的作用,并不能直接以这张发票作为税前扣除凭证,仍需要以真实发生且与收入有相关性的支出即工资表单进行税前扣除。如果工资薪酬等没有发放完毕或回流到公司及相关利益方,也应以当时委托发放的真实明细来确认支出,即以委托后真实的支出与暂时无法支付后企业另行据实支出的薪酬等进行税前扣除。正是因为对这样的发票的误解,市场上一些主体打起来"卖差额票的生意"。厘清了这样的发票在税前扣除中的作用及扣除标准,就可以进一步明确这样的发票在行政或刑事责任追究中"虚开认定及危害结果"的问题,有利于当事人依法维护自己的合法权益。它与一般购销业务场景下的普通发票的法定功能与作用是不一样的。笔者认为,允许开具此类普通发票,实属"画蛇添足",建议在后续的政策中予以取消为宜。

同时我们关注到财税〔2016〕47号对人力资源外包服务中的销售额定义,销售额不包括代发工资与代缴社保等支出。这很明显,本来就不属于人力公司的"东西",所有权不是自己的,凭什么做自己的收入呢?但有的人可能单纯从税收的规则考虑,认为开具发票,如果不计税的话,在增值税"以票控税"的规则下,就得以差额的方式体现出来,不然发票数据与计税数据不一样,不利于税收征管。这也是行政管理中需要考虑的具体措施。笔者认为以差额的方式体现出来增值税计税收入净额,达到的结果与直接不作为销售额是一样的,但却易混淆了常识思维,不利于人们的理解,有时甚至会给检察人员、法官带来误解。这与劳务派遣业务开具差额发票下对应税销售额的定义不同，即扣除代用工单位支付给劳务派遣员工的工资、福利和为其办理社会保险及住房公积金后的余额为增值税计税销售额。但是这也只是理论上的说法，劳务派遣业务是指劳务派遣公司为了满足用工单位对于各类灵活用工的需求，将员工派遣至用工单位，接受用工单位管理并为其工作的服务，整体上是劳务派遣公司向用工单位提供人员外包服务，是交易行为，服务关系，人员是劳务派遣公司的员工，理应是劳务派遣公司给自己的员工发放工资，何来代用工单位支付一说呢？这样的表述不是很恰当，易产生误解。现实当中也不大可能告诉员工对方给其发放工资标准是多少，中间的利润差价又怎么会轻易透露呢？有时出发点是好的，但可能产生意想不到的问题。所以，差额征税看起来是好事，但可能引发与之相关连的重要的发票处理、责任追究等方面的问题。

另外，对于融资租赁业务，其差额计税就比较特殊：

（1）经人民银行、银监会或者商务部批准从事融资租赁业务的试点纳税人，提供融资租赁服务，以取得的全部价款和价外费用，扣除支付的借款利息（包括外汇借款和人民币借款利息）、发行债券利息和车辆购置税后的余额为销售额。

（2）经人民银行、银监会或者商务部批准从事融资租赁业务的试点纳税人，提供融资性售后回租服务，以取得的全部价款和价外费用（不含本金），扣除对外支付的借款利息（包括外汇借款和人民币借款利息）、发行债券利息后的余额作为销售额。

如果随着贷款服务允许抵扣，上述的差额扣减政策也将面临着发生调整，这是融资租赁公司需要关注的事项。

不过现在一些人士担心的是差额征税政策会不会延续。

《全国人民代表大会宪法和法律委员会关于〈中华人民共和国增值税法（草案）〉审议结果的报告》中提到：

> 有的常委委员建议，按照党的二十届三中全会决定关于"全面落实税收法定原则，规范税收优惠政策"的要求，进一步减少草案中的立法授权条款，完善税收优惠规定。宪法和法律委员会经同有关方面研究，建议删去草案二次审议稿中关于授权国务院规定视同应税交易的兜底情形、按照简易方法计税的特殊情形、按照差额计算销售额的特殊情形、放弃增值税优惠后不得享受该项优惠的期限、纳税人进行汇总纳税的审批机关等内容，改由在法律中直接作出规定，或者经清理规范后纳入税收优惠范围；同时删去个别免税项目。

我们发现，在《增值税法》立法过程中，相应的征求意见稿中出现过保留差额计算增值税销售额的提法，但最终未出现在《增值税法》中，或许是因为此为细节问题，不需要在法条中表述出来。其实它是对销售额的一种计算方法。在当前的情形下，笔者认为差额计税对有的行业有其存在的必要，但不宜过多，否则就成了一项"优惠政策"了。在实施条例或财税政策文件中对其进行细化，并不与上位法直接冲突，未来存在的可能性是比较大的。但对于某些行业可能进行调整，这是需要纳税人关注的事项。受差额计税的影响，其商业定价、交易模式、税费预算等都需要作相应的应对调整，这是相关行业的纳税人有必要关注的。

3.7　法定扣缴义务签订合同如何防范

长期以来，我们习惯了由实际支付人进行款项的扣缴，比如个人所得税扣缴、预提所得税扣缴，除非特别明确的事项，比如债券利息的个税扣缴，依据《国家税务总局关于加强企业债券利息个人所得税代扣代缴工作的通知》（国税函〔2003〕612号）规定，是由兑付机构在向持有债券的个人兑付利息时负责代扣代缴，就地入库。本次《增值税法》对增值税的扣缴规定如下：

>　　第十五条　境外单位和个人在境内发生应税交易，以购买方为扣缴义务人；按照国务院的规定委托境内代理人申报缴纳税款的除外。
>
>　　扣缴义务人依照本法规定代扣代缴税款的，按照销售额乘以税率计算应扣缴税额。

也就是说，依国务院未来的规定，如果满足"委托境内代理人申报缴纳税款"的条件，不由购买方进行扣缴。诚如笔者分析，从技术的角度，如果扣缴主体是一般纳税人，对其来说，扣缴很可能是更有利的，因为其有抵减境内增值税额的"附加税费节约"效应。但是，法定扣缴义务毕竟是存在的，因为多了一个例外项,相当于多了一个不确定性的风险,比如客户说:"我们有委托境内代理人,你们不要给我们扣缴!"这种情形是会存在的。为了避免口说无凭的风险,笔者建议购买方一定要在合同中进行相应的明确或补充明确,以便在自己的主管税务机关提出扣缴要求时进行说明;同时,在商务方面也应要求销售方提供相应的委托证明及责任承诺等。

实务中,笔者发现之前对于扣缴预提所得税、扣缴增值税等事项,有的地方政府可能给予相应的奖励。代理人在哪里予以申报缴纳,这是一个变量,不排除有一些利益的安排考虑。

上面提到的是涉及确定性的扣缴义务情形下的处理建议,但是对于是不是有扣缴义务,这个问题在实践当中也是频发争议。依据《增值税法》规定:

第三条 在中华人民共和国境内(以下简称境内)销售货物、服务、无形资产、不动产(以下称应税交易),以及进口货物的单位和个人(包括个体工商户),为增值税的纳税人,应当依照本法规定缴纳增值税。

销售货物、服务、无形资产、不动产,是指有偿转让货物、不动产的所有权,有偿提供服务,有偿转让无形资产的所有权或者使用权。

第四条 在境内发生应税交易,是指下列情形:

(一)销售货物的,货物的起运地或者所在地在境内;

(二)销售或者租赁不动产、转让自然资源使用权的,不动产、自然资源所在地在境内；

（三）销售金融商品的，金融商品在境内发行，或者销售方为境内单位和个人；

（四）除本条第二项、第三项规定外，销售服务、无形资产的，服务、无形资产在境内消费，或者销售方为境内单位和个人。

现实当中，难掌握的往往是服务事项。服务在境内消费，此时我国有征税权，36号文件有以"购买方在境内"作为境内销售行为发生的判断标准，同时附以"境外单位或者个人向境内单位或者个人销售完全在境外发生的服务"为例外进行判断，用的是反证的逻辑，比如服务在境内发生了一部分甚至一点点，就会出现"需要扣缴增值税"的判断。现在以"在境内消费"作为判断标准，不再以"购买方在境内"一概论之，就相对容易被接受，"消费"比"发生"更有结果导向，笔者认为这样的描述是经过斟酌的。而一个现实的问题就是，对于一些我们需要引进的技术服务，境外销售方一般有着较强的商务谈判优势，通常在合同当中约定由境内单位承担所有的税费，对方要求支付税后款项，以此作为结算条件。在这种情形下，当约定增值税由境内单位承担时，境内单位代为支付了增值税，但境外单位不需要计缴城市维护建设税、教育费附加和地方教育附加，当该增值税用于抵扣时，除了将之前代为缴纳的增值税抵扣回来，还可以同步少缴纳随增值税附征的城市维护建设税、教育费附加和地方教育附加，于纳税人来讲，更为有利。但《增值税法》代表了国家的税收主权，确定征税权是非常重要的主体权益,其意义非计量上的得失这么简单的事项。

笔者在过往处理增值税、所得税的税款扣缴涉税争议过程中,发现主管税务机关往往是让购买方直接"补税"加滞纳金,这是视扣缴义务人已扣缴但未缴纳已扣缴税款的假设情形下的处理,实际上扣缴义务人并未真实地扣缴。对于应扣未扣缴的情形,税务机关可能开始还是让补缴税款,而不是直接依据《税收征管法》的规定对扣缴义务人处应扣未扣50%至3倍的行政罚款。如果痛快地"补缴了扣缴的税款",往往不会再行政处罚了,否则税务机关可能下税务事项通知书、整改通知书等要求纳税人进行处理。但《税收征收管理法》又明确了违反税收法律、行政法规应当给予行政处罚的行为,在五年内未被发现的,不再给予行政处罚。纳税人需要综合评估其经济利益影响及行政处罚的信用影响。

笔者认为,如果境内服务采购方与境外单位或个人签订了"包税"协议,并且同时对方又委托境内代理人进行申报缴纳,处理起来就会比较"麻烦"。如果能够与外方约定"加价"处理,将相应涉及的税款反算加价到交易金额中,那么这不失为对自己所得税税前扣除及凭证单据的取得更为有利的做法。

3.8 灵活用工平台频爆雷下员工身份及其非应税交易的服务体现

前几年灵工平台迅猛发展,其业态中隐含的功能与价值被疯狂地挖掘。用工单位既想用工,又不想承担社保等成本及劳动用工管理的繁杂事项，索性找到人后全包给用工平台来"背锅"。但用工平台本身也有自己的"小九九"，利用税收管理漏洞及与当地政府和财税部门的关系，采取让个人成立个体户或直接以其他经营所得定性核定计税，甚至不管个税等方式，也将用工社保等劳动责任甩出去了。而且灵工平台公司通过开具劳务服务6%税率的专用发票给用工单位抵扣，自己缴纳增值税后得到地方政府的财政奖励从而获得更多补偿利益。共同的利益关系，形成了大规模的用工平台经营模式。而今，地方财政奖励受到规范与监管，平台之间的商业竞争比较激烈，比如谁收款加收的"税点"越低就越有竞争力，在寄希望于地方政府能够以新的形式给予财政补贴的期待下，"垫税费"也成了一种比较现实的做法，比拼的是谁家有财政实力，谁家的资金链能坚持下来！笔者观察到，有的平台因为财政补贴停止或不给兑付之后，资金链断了，以致无法缴纳增值税，平台运营企业的主管税务机关将开出去的发票认定为异常凭证，下游企业"赔了夫人又折兵"，应对起来比较困难。

　　承续之前的处理原则，《增值税法》规定员工为受雇单位或者雇主提供取得工资、薪金的服务不属于应税交易，不征收增值税。在这里，大家要先明确员工身份的认定，基于《劳动法》的相关规定，通常认为要签订劳动合同。但员工的身份并不必然建立在劳动合同的基础之上，而是要确定雇佣的基础，比如雇佣实习生、退休人员，就不是签订传统意义上的劳动合同，可能只是雇佣合同；同时是不是缴纳社保、住房公积金等，也不是成为员工的前置条件。实务当中，采购劳务服务与雇佣员工工作还是比较容易区分的,如果是劳务服务,往往存在着要求提供发票进行结算并满足税前扣除条件的要求,同时需要按劳务报酬扣缴个税,而劳务人员对此可能会有抗拒心理;但作为员工管理,企业又不想在社保方面承担过多的成本开支,加之因个人也想多拿点钱,不想扣个人承担的社保费支出,倒也能"达成共识",而且当下工作确实不好找,个人处于弱势地位,也往往是没有办法的事。所以,明明以员工身份工作,列支成本也不需要发票作为扣除凭证,为了规避社保支出,而改为支付劳务报酬方式,就变成了增值税中的"应税交易"。应税交易除了自然人小额零星标准不需要提供发票的情形外,是需要个人开具发票给企业作为税前扣除凭证的。这就如同从一个坑跳到另一个坑,在劳务报酬的框架下,取得个人的发票难,按劳务报酬扣缴个税更难,于是又有人想办法了,就是将锅再甩给灵活用工企业。这类企业最为主要的功能是解决"提供服务发票入账"的问题,同时还要承担发放费用的个税。通常这类企业在某些税收宽容度好的地方,与当地税务机关签订了委托代征的协议,设定了极低的征收率,皆大欢喜,至少当地入库了大量的增值税税收,招商引资功不可没!其实这里大家忽略了一个问题,因为灵活用工平台是以提供服务的方式与用工单位发生业务关系,所有收取用于支付的款项加上所谓的"税点",是其含税收入;其支出给个人的费用,由于该个人不是其正规的员工,是劳务服务关系,理论上也应代开发票给灵工平台进行成本费用扣除。不过如果有的外卖小哥每月的收入低于2万元(按期纳税的,月销售额不超过增值税起征点),套用小额零星支出以自制凭证与付款凭证来扣除也能得到支持。整体而言,为了解决个税痛点,以及减少用工责任的问题，同时还能取得发票入账，这似乎取得了完美的效果。但在传统的眼光中，这种穿着创新外衣的业务模式，由于存在一些规避常规责任的做法，往往难得到大家的理解。加之税收征管力度强化，保障快递小哥权益的呼声越来越高，走"擦边球""模糊地带"的商业玩法，也逐渐被诟病。

在笔者看来，如果上述业务做实的话，其业务真实性的基础也是可以得到合法保障的，就是因为存在这样那样的漏洞与环节缺失，在避税与虚开发票责任上往往被抓住"小辫子"。比如灵活用工企业缺少招录人员及管理人员的"找人环节"，只是搞一个小程序登记一下，也没有实质性的管理职责体现，在税务人员的判断中，这不是虚开发票是什么？至于"互联网+"之类的概念，恐怕早些年听听还挺像那么回事，现在再听这样的故事，似乎就不大灵了。最近福建等地用工平台虚开爆雷引发不小震动。

那么，灵活用工平台有没有合法生存空间与市场了呢？当然还是有的，家政、维修、讲课等，有很多这样的工作场景，比如在正常工作之外，有一份兼职是很正常的。基于平台撮合交易的业务，这类情形就相对符合商业合理性。未来可能按劳务报酬扣缴个税是一个趋势，社保保障的考虑是否有所改变，一是看相关部门的政策规范力度，二是看市场的优胜劣汰的选择，以及企业家与企业从善如流的社会责任的体现。

3.9 机构间移送货物的处理

《增值税暂行条例实施细则》规定的视同销售情形之一是：

设有两个以上机构并实行统一核算的纳税人,将货物从一个机构移送其他机构用于销售,但相关机构设在同一县(市)的除外。

《增值税法》不再对其进行明确,从视同应税交易的框架来看,似乎将来《增值税法》下的实施条例不大可能再进一步扩大视同应税交易的范围。有一些财税人员对此欢呼雀跃,似乎一下子解放了,可以随便地移来移去了!笔者认为还是要结合不同的业务场景来考虑,不然真不一定对企业有利。

【案例3-6】甲公司注册在北京,其在上海设立了一家分公司,分公司实行独立会计核算。2025年3月,甲公司的员工张三从北京转移到上海工作,其使用的电脑需要从北京的账上转移到上海分公司记账核算,此时会计犯了愁,这个资产调整需要视同销售计缴增值税啊!因为两个机构在会计上是独立核算的,不同的增值税纳税主体又不在同一地区。为了减少增值税的损失,公司会计建议将电脑直接由北京公司销售给上海分公司,开具增值税专用发票进行款项结算,一方计缴增值税、另一方抵扣,如此化解了视同销售的问题,改为了真正的销售。

其实在现实当中,真正销售有时比视同销售更为有利。在上面的案例处理中,笔者认为公司的处理是较为合适的,不然视同销售真可能是一个"坑"。有的人提出:"实施细则中所说的移送目的是销售,案例中的情形并不是用于销售啊,既然这样那就不是视同销售!"在笔者所接触的业务案例中,有的人士认为只有实行统一核算的分支机构间移送非用于销售的货物才可以不作视同销售处理；而如果是独立核算则不能适用，"对不起，你们是独立的增值税纳税主体，套用无偿赠送也可以要求进行视同销售处理的！"但大家想想，这是无偿赠送吗？这是一个企业内部资产的划转，根本就不具有交易的动因，既然是视同销售也应是建立在独立利益主体之间才合理。

《增值税法》中所列举的视同应税交易情形未再提机构间移送的情形，但承上所述，不排除依然有人士套用"单位和个体工商户无偿转让货物"来认定。虽然上面我们分析过，因为将来还是可以划转回来的，根本不是无偿转让。但从笔者的经验来看，若有人提出"无偿转让"的观点，其实也是很难应对的，因为在这个环节确实是无偿转让的，"不要跟我说一个法人之内，企业所得税上不是视同销售的情形，在增值税上你们之间就是独立的纳税人！"越是简单化的基本概念上的问题，有时应对与解释起来越困难。所以大家不要高兴得太早了。承上面的案例，也可以考虑不进行账务调整，只要把资产所在地标识为上海就可以了，不一定非要在账务上体现出来。因为本身就是自己公司的资产，在北京公司的账上记录，实物在上海公司保管，这也未尝不可。至于有的人提出："北京公司的资产无偿给上海公司用，这不也是无偿吗！"在这里我们就可以提出解决问题的答案了，《增值税法》没有对无偿使用服务的视同销售规定。

【案例3-7】承**【案例3-6】**，北京公司向上海分公司发货用于销售，货物价值不含税金额1 000万元，增值税额130万元，上海分公司收到货物后对外进行了销售，在这种情形下,中间的"断层"处理是不是真的是好事呢?

在这笔业务中,北京公司有进项税额,但却没有销项税额,上海公司没有进项税额,但有销项税额。笔者认为,北京公司与上海分公司作销售处理较为合适,不然上海分公司只有销项没有进项,从业务合理性上就存在问题,甚至可能有涉及虚开的行为。说不定真可能被风险系统这么"锁定"。其实也可以这样处理,上海分公司帮着北京公司进行销售,发票仍由北京公司开具给客户,并与客户进行结算,上海分公司只是起到商务联络的作用,这样的处理也是顺畅的。

下面看一则原来的通知:

国家税务总局关于企业所属机构间移送货物征收增值税问题的通知

国税发〔1998〕137号

各省、自治区、直辖市和计划单列市国家税务局:

目前,对实行统一核算的企业所属机构间移送货物,接受移送货物机构(以下简称受货机构)的经营活动是否属于销售应在当地纳税,各地执行不一。经研究,现明确如下:

《中华人民共和国增值税暂行条例实施细则》第四条视同销售货物行为的第(三)项所称的用于销售,是指受货机构发生以下情形之一的经营行为:

一、向购货方开具发票；

二、向购货方收取货款。

受货机构的货物移送行为有上述两项情形之一的，应当向所在地税务机关缴纳增值税；未发生上述两项情形的，则应由总机构统一缴纳增值税。

如果受货机构只就部分货物向购买方开具发票或收取货款，则应当区别不同情况计算并分别向总机构所在地或分支机构所在地缴纳税款。

所以，对于总分机构或分支机构之间的货物转移，在非交易的情形下，无论是用于销售还是自用，为了减少不必要的风险，以及理顺核算中的正常业务关系，需要统筹考虑，而不是"没人管就可以放飞自我了"。

3.10 对商务关系的影响

增值税是价外税，但在中国的社会经济关系中，大家还是多以"总价"即含税价来谈生意、"讨价还价"，由此就产生了开多少税率发票的问题。当需要抵扣的时候，若对方是小规模纳税人，开具1%专用发票，就可能感觉自己吃亏了！在总交易价格锁定的情形下，对方给予开具的专用发票税率越高，则自己得到的税收利益就越多，这是人之常情，可以理解。如果大家都以"不含税价格"进行报价，有多少税点加多少钱，是不是就会简单些？笔者认为，未来这样的共识会越来越多。毕竟当含税价格都为1 000元时，开具13%税率发票与1%征收率发票，站在抵扣的角度，当然希望是13%的税率。如果对方给开具了1%的增值税专用发票，很可能总想着找点利益补偿回来！不过，如果纳税人本身是小规模纳税人，或者按一般计税方法计税的纳税人，其有的业务选择了简易计税或享受免税的，这时谈好总交易价就好了，不影响抵扣的利益，全部记为成本费用，是不是专用发票都不要紧。

大家可能发现，《增值税法》中未提及"营改增"试点政策中的5%征收率的适用情形。比如"营改增"前取得的不动产用于出租时，一般纳税人可以选择按5%征收率简易计税的方式，2026年开始会存在三种可能：

第一种可能，不排除未来的实施条例仍延续5%征收率简易计税的规定。

第二种可能，如果按3%更有利于纳税人，政府部门在考虑实施条例时需要有放弃财政利益的决心。

第三种可能，小规模纳税人按3%征收率简易征收，而采用一般计税方法的纳税人不再给予简易计税的选择，要求按9%税率计缴增值税。

不管如何，笔者认为，在交易双方已接受交易现状的情形下，考虑以彼此的"不含税价格"作为计量标准，无论将来征收率或税率政策如何变化，均以不含税价格为基础进行调整，充分发挥出价外税的谈判优势。比如原来不动产的出租价格是105万元，100万元为不含税价格，5万元为税额。如果将来征收率为3%了,"对不起,出租方要给我让利,不能独占政策红利!"如果按9%来算销项税额,此时就可以将价格调整为109万元,毕竟9万元是可以用于抵扣的,付出多少税额的资金就抵扣多少进项,而且还可能更有利啊!为什么呢?因为抵扣多了,对附加税费的计缴是有抵减好处的,即会减少增值税附加税费的金额。有的人可能会提出:"不对啊,原来销售方是实实在在要缴纳国家5万元的增值税税额的,现在改为9%税率,但按一般计税方法是可以将进项税额进行抵扣的,对方不一定缴纳9万元的税啊,国家不是亏了吗?"其实出租方计缴多少税,与承租方没什么关系。一方面,对方的抵扣是对方"花钱买的";另一方面,增值税是环环相扣,对方的销项税额就是对方收入产生的税额,此税额是承租方"支付"的,而且取得的抵扣也是9万元,而不是对方最终抵扣进项后计算出来的应纳税额。这样一想,就比较清楚了。

对于那些面临着2026年想延续不动产租赁合同的交易双方,如果出租方开具的是5%的增值税专用发票进行结算,双方很有必要关注并提前友好协商,以免产生不必要的争议,影响了彼此之间的和气。

笔者发现,现在谈签合同,一般会提前在合同中约定适用的征收率或税率,这是对大家利益的共同保障,以免产生不必要的政策适用理解偏差或争议。比如租赁不动产时,双方谈好了租赁价格是100万元,当进行结算时,出租方给承租方发过来一张5%征收率的专用发票,承租方要求换为9%税率的专用发票,此时就可能产生"口舌之争"。在笔者看来,出租方还是有必要提前告诉承租方的，毕竟"营改增"的5%征收率简易征税方式，是其一种选择，而应优先适用的是以一般计税方法按9%税率计缴增值税，并不是必然适用5%。既然是出租方的一种例外选择，那就应提前告诉承租方为宜。

即使当下交易一方或双方是小规模纳税人，也需要考虑明确相关内容，因为某一方很有可能有"长大"（成为一般纳税人）的一天，"防患于未然"很有必要。

3.11　本章小结

未雨绸缪，提前做准备，尽管现在看起来似乎有点为时尚早，不过有一些事项，越早着手就越能掌握主动权，当出现现实的利益诱惑时，就不一定那么好洽谈了。

整体而言，笔者认为，从应对变化、拥抱变化的角度来看，我们可以从如下三个方面考虑《增值税法》的实施：

一是与上下游业务单位在商务方面的梳理与规划问题。

财务人员有必要梳理政策变化及差异点，对于差异事项，建议结合自己单位的业务进行测算与评估，并与销售部门与管理部门交流，提前告知可能的影响，做好在2026年进行切换的准备。同时还要与时俱进地关注，特别是关注实施条例的制定情况及过往增值税文件的存废调整等，先普及概念、方向，再考虑研讨方案、落实措施及细化规范。

二是在计税核算方面做出准备。

比如有的企业集团上线了增值税管理核算系统，就要求考虑新法对于核算规则的影响，这要求提前进行技术方案的设计与调整，特别是需要与信息系统相衔接。而对于一些有资金池管理的企业集团，其内部融资结算利息，目前来看很可能不再对贷款服务进行抵扣限制。此举将大大降低内部资金借款的税负承担压力，此时可以做什么呢？可以考虑将2025年合同约定的结算时点调整到2026年，因为2025年贷款服务仍不得抵扣，但如果2026年得到允许抵扣了之后，极可能是以结算时点来认定的，至少给自己争取了一种抵扣的可能性。反之，有的情形可以考虑提前结算，而不是滞后到2026年进行结算，直接以当前的政策锁定增值税的处理。比如一些简易计税的业务，若规定自2026年起不再给予简易计税政策，且经测算后适用简易计税方法对纳税人更有利时，则可以考虑在2025年预先结算未来数年的款项，如前文所述出租不动产的情形，可以提前收款、提前锁定纳税义务。在此笔者提示，既要关注企业与外部单位或个人之间的业务事项，还要关注企业集团内部关联方之间的业务安排。对于纳税义务时点的准确确定及合理的调整，很有可能给自己带来有价值的财税利益回报，不要小觑这方面的专业价值。

三是在内外部培训学习方面做好宣传。

对于新知识，一般人会有焦虑症，认为自己学习晚了就来不及了，其实大可不必！笔者经历过2008年的企业所得税立法、2016年全面"营改增"试点，每一次似乎都感觉有学不完的东西，求知欲很强。但在过程当中总能慢慢体会，这既不是技术秘密，也不存在保密的问题，税务机关会很有耐心地进行宣讲，进行政策辅导与系统调整。也就是说，政策迟早会知道的，但要想提前应用在实践当中，提前规划一些有效的措施来应对，这是需要多思考、巧琢磨的。而且最好多取取经，因为有时存在"神仙打架"的可能，某一专家说的也并不一定就是对的，更不一定是完整的，个人的专长与思考的边界还是有局限性的。

笔者注意到，《增值税法》没有对海南未来的增值税规划进行说明。依据《海南自由贸易港建设总体方案》，其中提到：

> 2025年前，适时全面开展全岛封关运作准备工作情况评估，查堵安全漏洞。待条件成熟后再实施全岛封关运作，不再保留洋浦保税港区、海口综合保税区等海关特殊监管区域。相关监管实施方案由有关部门另行制定。在全岛封关运作的同时，依法将现行增值税、消费税、车辆购置税、城市维护建设税及教育费附加等税费进行简并，启动在货物和服务零售环节征收销售税相关工作。

另外，由于发票的抵扣与税前扣除的功能（包括企业所得税、土地增值税等），发票因此就具有了"货币功能价值"。上面我们提到了，2025年企业要充分地评估政策变化对自己带来的影响，这种影响并不是静态的，不是说自2026年1月1日才有变化，而是2025年就可以开始适应变化了，比如上面提到的真实合理地调整合同约定收付款的时间。特别注意，要提前调整，而不是等到2026年"追溯调整"，这样就会显得不真实了。笔者最近接触了几个涉及企业之间因为发票开具发生的民事诉讼事项，存在销售方不开具发票、另一方不支付款项的争议，或者是另一方认为对方未开具发票给自己造成了税收损失，要求对方进行损失赔偿。笔者认为，随着《增值税法》的即将实施，纳税人对于涉税利益的关注会越来越多，因为发票问题引起的民事争议纠纷，看似诉求是正当的，但并不一定得到法院的支持——"你这是行政性问题，对方不开具发票应向税务机关反映处理，而不是由法院来要求销售方开具发票！"如果这样理解，很可能是考虑偏了。诉求的利益点是什么，需要站在法官可以理解的角度进行阐述，表达诉求，而不是简单地停留在让对方开具发票这样的行政诉求上。

对于每一次税法的变革及变化，笔者向来认为这是给财税人、法律人的一次职业能力提升与展示的机会，如果四平八稳，什么内容都是一是一、二是二的，那价值又如何体现呢？融入国家税收立法变革的大潮中，更是一种幸运。

责任篇

《增值税法》的颁布,将《增值税暂行条例》及相关政策规定上升至法律层面,深入贯彻税收法定原则,优化税收优惠制度,明晰增值税抵扣制度,完善跨境交易计税规则,同时备受关注的税收共治共享问题也得以深化拓展。

《增值税法》指出国家积极推广使用电子发票,并在第三十五条明确有关部门应当依照法律、行政法规,在各自职责范围内,支持、协助税务机关开展增值税征收管理工作。税务机关与工业和信息化、公安、海关、市场监督管理、人民银行、金融监督管理等部门建立增值税涉税信息共享机制和工作配合机制。

在《增值税法》征收管理章节中对信息共享以及跨部门工作配合的强调,标志着我国税收征管在推进税收共治、拓展信息共享、深化税收大数据共享应用的格局正不断扩大。与此同时,也提示增值税纳税人在发生应税交易行为时,应合规开具、取得增值税发票，切莫为一己之私心存侥幸，不然很可能受到法律制裁。在大数据面前，纳税人的一切信息都是透明的！

在很多人看来，在《增值税法》的框架体系中，更多的是看到了如何计税、如何纳税、在哪里纳税等相关规范，规定并不复杂。但为什么增值税又如此重要呢？原因在于与增值税息息相关的发票方面的违法成本，个人难承其重，特别是刑事责任风险。近年来，围绕发票展开的一系列对虚开骗税的违法行为的打击，以案促法，带来了很强的震慑效果。然而，需要警惕的是，仍有部分不知法、不懂法的创业者及从事财税工作的人员，因缺乏专业知识，稍有不慎极易触及违法"红线"，严重者不仅误了前程，还可能伤了家庭、毁了人生。因此，很有必要好好地关注一下这方面的内容，没有什么比安全更重要的了。

一直以来，"以票管税"在增值税上体现得非常明显，也非常明确，有着严格的风控管理体系与征管要求。比如，开了应税发票想不计缴增值税，这是很难得到认可的。在实践当中，"开多少发票计缴多少税"，在很多中小企业老板眼中，已被视作是"合规常识"，这也是基于"以票管税"的逻辑进行的处理。尽管这样的做法可能也是有问题的，不过实务当中这样掌握的情形比比皆是。通过发票与纳税义务发生时点的确认，优先于发票进行上下游之间的牵制，比较容易实现，而纳税义务发生时点本身是比较难掌握与发现的。即使现在发展到"以数治税"的时代，很多的要素也是取自发票上的信息，只不过对于数据信息的处理更为细致与延伸，识别更为精准，链条更具有追溯性，也更为智能化。

【案例4-1】 甲公司向乙公司提供设计服务，合同于2025年1月签订，约定合同签订后支付100万元，6月底支付100万元，12月底支付50万元。但在具体操作中，合同签订后乙公司迟迟未付款，甲公司也没有给乙公司开具发票，等到2025年4月才收到款项并开具100万元发票。

分析： 基于合同的约定，甲公司的增值税纳税义务发生时间是1月，即使其没有开具发票也需要计缴税款，但税务机关并不掌握合同内容，多有企业是在4月开具发票后计缴税款。考虑到此为时间性差异，也没有形成国家税款的损失，如果在实务中去管理此方面的纳税遵从事项，征管成本及效率估计也不"划算"。但对于个别事项，依法确定纳税义务发生时间，这是一种专业的判断与处理。如果甲公司在2025年1月开具了发票，但未收到款项，则以票计缴增值税，这一点基本上都能理解与认同，"开发票纳税"的观念已深入人心。

随着数电发票的全面实施，已形成了全国发票"一张网"，不再是各省数据"自治"的时代了，不需要省与省之间的数据交换了，在税务总局层面就可以完全地实现发票的系统化风险管理与排查。比如近年来税务总局通过风险排查发现的"团伙虚开"线索、直接对风险企业的疑点锁定等，压缩了一些地方性操作的"隐蔽性"，真正做到了风险无死角。

《增值税法》明确规定：

第三十六条　增值税的征收管理依照本法和《中华人

民共和国税收征收管理法》的规定执行。

第三十七条　纳税人、扣缴义务人、税务机关及其工作人员违反本法规定的，依照《中华人民共和国税收征收管理法》和有关法律、行政法规的规定追究法律责任。

4.1　涉税计缴风险

涉及增值税计缴的情形，绝非《增值税法》所规定的计算规则所能概括的，特别是因为发票问题引起的事项更是异常复杂多样。

从笔者观察来看，有一些中小企业，在计缴增值税上仍存在不合规的操作。比如，私户收款不纳税、内外两套账偷逃税、"阴阳合同"偷税等行为，查查私营企业主老板名下的存款，再与其正当的税后所得作一个比较，就很容易发现问题，只是在治理层面还没有大规模地"严厉核查"。但在某些个案中，检查老板及其家人的流水已是常态，也是必要手段之一了。再稍有"水平"的一种方式是拆分收入、转化收入性质等，在某些行业中也是普遍存在的。至于不收款就不计缴税款、遗漏应收未收的应税款项，严格而言也是一种偷税行为，不能因为收不到款就不纳税"坐支"处理了。还有一种"隐藏"比较深的情形，比如进项税额抵扣划分不清，转出不及时、不准确等，这不仅是主观方面的问题，还可能是技术方面的问题。

近年来，笔者在实务业务中接触比较多的是虚抵发票的情形,这里的原因就比较多样了(见表4-1)。

表4-1　　　　　　　　虚抵发票的说明

情形	说明	对税款的影响
"买票抵扣"	属于偷逃税款的行为,税务机关可以无限期追缴,同时加收滞纳金及给予行政处罚	虚假抵扣的增值税,以及企业所得税税前扣除调整
"异常凭证"	一般是上游走逃(失联)情形下出现异常凭证,业务或是真实的,或存在问题,还需要进一步落实,纳税人也可以提出核实申请维护正当的合法权益	一般先要求作进项税额转出,企业所得税或同步考虑
"已证实虚开发票"	一般下游税务机关收到《已证实虚开通知单》会比较谨慎处理,通常会进行稽查立案,纳税人面临的风险也比较大	基本上会要求作进项税额转出,同时对企业所得税进行处理

《税收征收管理法》中对于税款的计缴、行政处罚等事项,作了原则性的规定:

> 第六十三条　纳税人伪造、变造、隐匿、擅自销毁账簿、记账凭证,或者在账簿上多列支出或者不列、少列收入,或者经税务机关通知申报而拒不申报或者进行虚假的纳税申报,不缴或者少缴应纳税款的,是偷税。对纳税人偷税的,由税务机关追缴其不缴或者少缴的税款、滞纳金,并处不缴或者少缴的税款百分之五十以上五倍以下的罚款;构成犯罪的,依法追究刑事责任。
>
> 扣缴义务人采取前款所列手段,不缴或者少缴已扣、已收税款,由税务机关追缴其不缴或者少缴的税款、滞纳金,并处不缴或者少缴的税款百分之五十以上五倍以下的罚款;构成犯罪的,依法追究刑事责任。

第六十四条　纳税人、扣缴义务人编造虚假计税依据的，由税务机关责令限期改正，并处五万元以下的罚款。

纳税人不进行纳税申报，不缴或者少缴应纳税款的，由税务机关追缴其不缴或者少缴的税款、滞纳金，并处不缴或者少缴的税款百分之五十以上五倍以下的罚款。

……

第八十六条　违反税收法律、行政法规应当给予行政处罚的行为，在五年内未被发现的，不再给予行政处罚。

基于税收征收管理制度的规定，在实践当中，涉及税款的追缴、追责问题，主要看是偷税行为还是非偷税行为。如果是前者，税务机关将无限期进行追缴，如果是后者，则有机会争取只就五年内的涉税事项补缴税款，同时承担相应的滞纳金、罚款处理。涉及行政处罚事项，一般是按五年期限进行掌握。但是这里也存在"突破"情形，如《中华人民共和国行政处罚法》规定：

第三十六条　违法行为在二年内未被发现的，不再给予行政处罚；涉及公民生命健康安全、金融安全且有危害后果的，上述期限延长至五年。法律另有规定的除外。

前款规定的期限，从违法行为发生之日起计算；违法行为有连续或者继续状态的，从行为终了之日起计算。

《国务院法制办公室对湖北省人民政府法制办公室〈关于如何确认违法行为连续或继续状态的请示〉的复函》（2005年10

月 26 日，国法函〔2005〕442 号）提到：

> 湖北省人民政府法制办公室：
>
> 你办《关于如何确认违法行为连续或继续状态的请示》（鄂法制文〔2005〕8 号）收悉。经研究并商全国人大常委会法工委行政法室，现函复如下：
>
> 《中华人民共和国行政处罚法》第二十九条[①]中规定的违法行为的连续状态，是指当事人基于同一个违法故意，连续实施数个独立的行政违法行为，并触犯同一个行政处罚规定的情形。

在上面的内容中，我们主要关注的是涉及税款的追缴情形，是基于行政法的框架进行探讨的。对于财务人、企业老板而言，平时接触比较多的认为被追究责任的方式多到此为止了，鲜有了解可能存在被追究刑事责任的风险。

《刑法》规定：

> 第二百零一条 【逃税罪】纳税人采取欺骗、隐瞒手段进行虚假纳税申报或者不申报，逃避缴纳税款数额较大并且占应纳税额百分之十以上的，处三年以下有期徒刑或者拘役，并处罚金；数额巨大并且占应纳税额百分之三十以上的，处三年以上七年以下有期徒刑，并处罚金。
>
> 扣缴义务人采取前款所列手段，不缴或者少缴已扣、已收税款，数额较大的，依照前款的规定处罚。

---

① 相关的条款已进行修订调整排序。

对多次实施前两款行为，未经处理的，按照累计数额计算。

有第一款行为，经税务机关依法下达追缴通知后，补缴应纳税款，缴纳滞纳金，已受行政处罚的，不予追究刑事责任；但是，五年内因逃避缴纳税款受过刑事处罚或者被税务机关给予二次以上行政处罚的除外。

那么，达到逃税罪的标准如何掌握呢？《最高人民法院 最高人民检察院关于办理危害税收征管刑事案件适用法律若干问题的解释》（法释〔2024〕4号）进一步规定：

第一条 纳税人进行虚假纳税申报，具有下列情形之一的，应当认定为刑法第二百零一条第一款规定的"欺骗、隐瞒手段"：

（一）伪造、变造、转移、隐匿、擅自销毁账簿、记账凭证或者其他涉税资料的；

（二）以签订"阴阳合同"等形式隐匿或者以他人名义分解收入、财产的；

（三）虚列支出、虚抵进项税额或者虚报专项附加扣除的；

（四）提供虚假材料，骗取税收优惠的；

（五）编造虚假计税依据的；

（六）为不缴、少缴税款而采取的其他欺骗、隐瞒手段。

具有下列情形之一的，应当认定为刑法第二百零一条第一款规定的"不申报"：

（一）依法在登记机关办理设立登记的纳税人，发生应税行为而不申报纳税的；

（二）依法不需要在登记机关办理设立登记或者未依法办理设立登记的纳税人，发生应税行为，经税务机关依法通知其申报而不申报纳税的；

（三）其他明知应当依法申报纳税而不申报纳税的。

扣缴义务人采取第一、二款所列手段，不缴或者少缴已扣、已收税款，数额较大的，依照刑法第二百零一条第一款的规定定罪处罚。扣缴义务人承诺为纳税人代付税款，在其向纳税人支付税后所得时，应当认定扣缴义务人"已扣、已收税款"。

第二条　纳税人逃避缴纳税款十万元以上、五十万元以上的，应当分别认定为刑法第二百零一条第一款规定的"数额较大""数额巨大"。

扣缴义务人不缴或者少缴已扣、已收税款"数额较大""数额巨大"的认定标准，依照前款规定。

第三条　纳税人有刑法第二百零一条第一款规定的逃避缴纳税款行为，在公安机关立案前，经税务机关依法下达追缴通知后，在规定的期限或者批准延缓、分期缴纳的期限内足额补缴应纳税款，缴纳滞纳金，并全部履行税务机关作出的行政处罚决定的,不予追究刑事责任。但是,五年内因逃避缴纳税款受过刑事处罚或者被税务机关给予二次以上行政处罚的除外。

纳税人有逃避缴纳税款行为,税务机关没有依法下达追缴通知的,依法不予追究刑事责任。

第四条 刑法第二百零一条第一款规定的"逃避缴纳税款数额",是指在确定的纳税期间,不缴或者少缴税务机关负责征收的各税种税款的总额。

刑法第二百零一条第一款规定的"应纳税额",是指应税行为发生年度内依照税收法律、行政法规规定应当缴纳的税额,不包括海关代征的增值税、关税等及纳税人依法预缴的税额。

刑法第二百零一条第一款规定的"逃避缴纳税款数额占应纳税额的百分比",是指行为人在一个纳税年度中的各税种逃税总额与该纳税年度应纳税总额的比例;不按纳税年度确定纳税期的,按照最后一次逃税行为发生之日前一年中各税种逃税总额与该年应纳税总额的比例确定。纳税义务存续期间不足一个纳税年度的,按照各税种逃税总额与实际发生纳税义务期间应纳税总额的比例确定。

逃税行为跨越若干个纳税年度,只要其中一个纳税年度的逃税数额及百分比达到刑法第二百零一条第一款规定的标准,即构成逃税罪。各纳税年度的逃税数额应当累计计算,逃税额占应纳税额百分比应当按照各逃税年度百分比的最高值确定。

刑法第二百零一条第三款规定的"未经处理",包括未经行政处理和刑事处理。

不过,现在认定逃税罪的情形并不太多,主要是因为逃税罪有相应的"阻却条款",可以有效地给相关责任人一次挽救自己的机会,这是法定事由,是非常关键的保护性条款。当防范了刑事责任风险之后,可以进一步通过行政程序包括复议、诉讼等进行权益救济,在税款、滞纳金与行政罚款上进行权益争取。

【案例4-2】在对某加油站专项整治行动中,税务稽查部门运用大数据对某加油站综合分析,发现该加油站某年度柴油购销数量相差较大,且税负和未开票销售收入申报偏低,存在少计收入、少申报纳税的风险。于是联合市场监督管理局、公安局、商务局执法人员对该加油站进行突击检查。市场监督管理局质检人员通过对油表及库存柴油进行了实测,与账载数量不符;公安侦查员搜出一套记载实际购进、销售成品油数量的"账外账";商务局工作人员从销售台账发现该加油站有从不正规渠道购进成品油痕迹;税务检查人员在核对账目的同时,查询了企业银行及微信收款绑定账户,银行账户收款金额超出企业申报销售金额,与企业账外账销售额超出账载销售额基本相符。在四部门强大的检查合力和确凿证据面前,企业承认了从不正规渠道购进的成品油,因没有取得发票,所以销售也未记收入、未申报缴纳税款的事实。最终补交税款、滞纳金、罚款近百万元。

4.2 涉票违法被追责风险

除了税款、滞纳金、罚款等利益影响之外，涉票违法风险是最为严重、影响最不可控的情形。毕竟当一个人被限制人身自由之后，其自身的"声誉""理想"与"未来"、所投资的企业以及未来的规划等，很可能遭到重创，也极可能错过最好的人生时光。一个创业老板如果没有法律的意识与思维，缺乏对风险的准确识别能力，缺乏法律保护意识，将是一件非常可怕的事情，即使企业在商业上有发展潜力、有竞争力，都可能面临着"关门"的风险。对于较多的民营企业而言，其发展更多的是依赖创业者个人的魅力与魄力，一旦"主心骨"出问题了，业务自然也会受到极大的影响。

一是行政处罚情形。

依据《发票管理办法》及其实施细则的规定，对于发票使用过程当中产生的行政违法行为有如下的规定：

第六章　罚则

第三十五条　违反本办法的规定，有下列情形之一的，由税务机关责令改正，可以处1万元以下的罚款；有违法所得的予以没收：

（一）应当开具而未开具发票，或者未按照规定的时限、顺序、栏目，全部联次一次性开具发票，或者未加盖发票专用章的；

（二）使用税控装置开具发票，未按期向主管税务机关报送开具发票的数据的；

（三）使用非税控电子器具开具发票，未将非税控电子器具使用的软件程序说明资料报主管税务机关备案，或者未按照规定保存、报送开具发票的数据的；

（四）拆本使用发票的；

（五）扩大发票使用范围的；

（六）以其他凭证代替发票使用的；

（七）跨规定区域开具发票的；

（八）未按照规定缴销发票的；

（九）未按照规定存放和保管发票的。

第三十六条　跨规定的使用区域携带、邮寄、运输空白发票，以及携带、邮寄或者运输空白发票出入境的，由税务机关责令改正，可以处1万元以下的罚款；情节严重的，处1万元以上3万元以下的罚款；有违法所得的予以没收。

丢失发票或者擅自损毁发票的，依照前款规定处罚。

第三十七条　违反本办法第二十二条第二款的规定虚开发票的，由税务机关没收违法所得；虚开金额在1万元以下的，可以并处5万元以下的罚款；虚开金额超过1万元的，并处 5 万元以上 50 万元以下的罚款；构成犯罪的，依法追究刑事责任。

非法代开发票的，依照前款规定处罚。

第三十八条　私自印制、伪造、变造发票，非法制造发票防伪专用品，伪造发票监制章的，由税务机关没收违法所得，没收、销毁作案工具和非法物品，并处 1 万元以上 5 万元以下的罚款；情节严重的，并处 5 万元以上 50 万元以下的罚款；对印制发票的企业，可以并处吊销发票准印证；构成犯罪的，依法追究刑事责任。

前款规定的处罚，《中华人民共和国税收征收管理法》有规定的，依照其规定执行。

第三十九条　有下列情形之一的，由税务机关处 1 万元以上 5 万元以下的罚款；情节严重的，处 5 万元以上 50 万元以下的罚款；有违法所得的予以没收：

（一）转借、转让、介绍他人转让发票、发票监制章和发票防伪专用品的；

（二）知道或者应当知道是私自印制、伪造、变造、非法取得或者废止的发票而受让、开具、存放、携带、邮寄、运输的。

第四十条　对违反发票管理规定 2 次以上或者情节严重的单位和个人，税务机关可以向社会公告。

第四十一条　违反发票管理法规，导致其他单位或者个人未缴、少缴或者骗取税款的,由税务机关没收违法所得,可以并处未缴、少缴或者骗取的税款1倍以下的罚款。

第四十二条　当事人对税务机关的处罚决定不服的,可以依法申请行政复议或者向人民法院提起行政诉讼。

第四十三条　税务人员利用职权之便,故意刁难印制、使用发票的单位和个人,或者有违反发票管理法规行为的,依照国家有关规定给予处分;构成犯罪的,依法追究刑事责任。

结合上面的内容,对于虚开发票的行为,《发票管理办法》规定的最高处罚金额是50万元,这其实并不高。比如,笔者在接触的某虚开增值税发票案件中,税务稽查机关在处理后认为无证据证明企业涉嫌虚开增值税专用发票犯罪,没有向公安机关移送,但认为存在行政法上的虚开发票行为;同时由于涉及业务是虚进虚出的情形,不需要进行税款的转出补缴处理,因此予以处罚50万元结案处理。

二是刑事处罚的适用情形。

《刑法》中对于虚开增值税专用发票、虚开普通发票行为的定罪量刑的力度是非常大的,震慑力则更强。《刑法》规定:

第二百零五条　【虚开增值税专用发票、用于骗取出口退税、抵扣税款发票罪】虚开增值税专用发票或者虚开用于骗取出口退税、抵扣税款的其他发票的,处三年以下有期徒刑或者拘役,并处二万元以上二十万元以下罚金;虚开的税款数额较大或者有其他严重情节的，处三年以上十年以下有期徒刑，并处五万元以上五十万元以下罚金；虚开的税款数额巨大或者有其他特别严重情节的，处十年以上有期徒刑或者无期徒刑，并处五万元以上五十万元以下罚金或者没收财产。

单位犯本条规定之罪的，对单位判处罚金，并对其直接负责的主管人员和其他直接责任人员，处三年以下有期徒刑或者拘役；虚开的税款数额较大或者有其他严重情节的，处三年以上十年以下有期徒刑；虚开的税款数额巨大或者有其他特别严重情节的，处十年以上有期徒刑或者无期徒刑。

虚开增值税专用发票或者虚开用于骗取出口退税、抵扣税款的其他发票，是指有为他人虚开、为自己虚开、让他人为自己虚开、介绍他人虚开行为之一的。

第二百零五条之一 【虚开发票罪】虚开本法第二百零五条规定以外的其他发票，情节严重的，处二年以下有期徒刑、拘役或者管制，并处罚金；情节特别严重的，处二年以上七年以下有期徒刑，并处罚金。

单位犯前款罪的，对单位判处罚金，并对其直接负责的主管人员和其他直接责任人员，依照前款的规定处罚。

第二百零六条 【伪造、出售伪造的增值税专用发票罪】伪造或者出售伪造的增值税专用发票的，处三年以下有期徒刑、拘役或者管制，并处二万元以上二十万元以下罚金；数量较大或者有其他严重情节的，处三年以上十年以下有期徒刑，并处五万元以上五十万元以下罚金；数量巨大或者有其他特别严重情节的，处十年以上有期徒刑或者无期徒刑，并处五万元以上五十万元以下罚金或者没收财产。

单位犯本条规定之罪的，对单位判处罚金，并对其直接负责的主管人员和其他直接责任人员，处三年以下有期徒刑、拘役或者管制；数量较大或者有其他严重情节的，处三年以上十年以下有期徒刑；数量巨大或者有其他特别严重情节的，处十年以上有期徒刑或者无期徒刑。

第二百零七条 【非法出售增值税专用发票罪】非法出售增值税专用发票的，处三年以下有期徒刑、拘役或者管制，并处二万元以上二十万元以下罚金；数量较大的，处三年以上十年以下有期徒刑，并处五万元以上五十万元以下罚金；数量巨大的，处十年以上有期徒刑或者无期徒刑，并处五万元以上五十万元以下罚金或者没收财产。

第二百零八条 【非法购买增值税专用发票、购买伪造的增值税专用发票罪；虚开增值税专用发票罪、出售伪造的增值税专用发票罪、非法出售增值税专用发票罪】非法购买增值税专用发票或者购买伪造的增值税专用发票的，处五年以下有期徒刑或者拘役，并处或者单处二万元以上二十万元以下罚金。

非法购买增值税专用发票或者购买伪造的增值税专用发票又虚开或者出售的，分别依照本法第二百零五条、第二百零六条、第二百零七条的规定定罪处罚。

第二百零九条 【非法制造、出售非法制造的用于骗取出口退税、抵扣税款发票罪；非法制造、出售非法制造的发票罪；非法出售用于骗取出口退税、抵扣税款发票罪；非法出售发票罪】伪造、擅自制造或者出售伪造、擅自制造的可以用于骗取出口退税、抵扣税款的其他发票的，处三年以下有期徒刑、拘役或者管制，并处二万元以上二十万元以下罚金；数量巨大的，处三年以上七年以下有期徒刑，并处五万元以上五十万元以下罚金；数量特别巨大的，处七年以上有期徒刑，并处五万元以上五十万元以下罚金或者没收财产。

伪造、擅自制造或者出售伪造、擅自制造的前款规定以外的其他发票的，处二年以下有期徒刑、拘役或者管制，并处或者单处一万元以上五万元以下罚金；情节严重的，处二年以上七年以下有期徒刑，并处五万元以上五十万元以下罚金。

非法出售可以用于骗取出口退税、抵扣税款的其他发票的，依照第一款的规定处罚。

非法出售第三款规定以外的其他发票的，依照第二款的规定处罚。

第二百一十条 【盗窃罪、诈骗罪】盗窃增值税专用发票或者可以用于骗取出口退税、抵扣税款的其他发票的，依照本法第二百六十四条的规定定罪处罚。

使用欺骗手段骗取增值税专用发票或者可以用于

骗取出口退税、抵扣税款的其他发票的，依照本法第二百六十六条的规定定罪处罚。

第二百一十条之一 【持有伪造的发票罪】明知是伪造的发票而持有，数量较大的，处二年以下有期徒刑、拘役或者管制，并处罚金；数量巨大的，处二年以上七年以下有期徒刑，并处罚金。

单位犯前款罪的，对单位判处罚金，并对其直接负责的主管人员和其他直接责任人员，依照前款的规定处罚。

第二百一十一条 【单位犯危害税收征管罪的处罚规定】单位犯本节第二百零一条、第二百零三条、第二百零四条、第二百零七条、第二百零八条、第二百零九条规定之罪的，对单位判处罚金，并对其直接负责的主管人员和其他直接责任人员，依照各该条的规定处罚。

第二百一十二条 【税务机关征缴优先原则】犯本节第二百零一条至第二百零五条规定之罪，被判处罚金、没收财产的，在执行前，应当先由税务机关追缴税款和所骗取的出口退税款。

《最高人民法院 最高人民检察院关于办理危害税收征管刑事案件适用法律若干问题的解释》（法释〔2024〕4号）进一步规定：

第十条 具有下列情形之一的，应当认定为刑法第二百零五条第一款规定的"虚开增值税专用发票或者虚开用于骗取出口退税、抵扣税款的其他发票"：

（一）没有实际业务，开具增值税专用发票、用于骗取出口退税、抵扣税款的其他发票的；

（二）有实际应抵扣业务，但开具超过实际应抵扣业务对应税款的增值税专用发票、用于骗取出口退税、抵扣税款的其他发票的；

（三）对依法不能抵扣税款的业务，通过虚构交易主体开具增值税专用发票、用于骗取出口退税、抵扣税款的其他发票的；

（四）非法篡改增值税专用发票或者用于骗取出口退税、抵扣税款的其他发票相关电子信息的；

（五）违反规定以其他手段虚开的。

为虚增业绩、融资、贷款等不以骗抵税款为目的，没有因抵扣造成税款被骗损失的，不以本罪论处，构成其他犯罪的，依法以其他犯罪追究刑事责任。

第十一条　虚开增值税专用发票、用于骗取出口退税、抵扣税款的其他发票，税款数额在十万元以上的，应当依照刑法第二百零五条的规定定罪处罚；虚开税款数额在五十万元以上、五百万元以上的，应当分别认定为刑法第二百零五条第一款规定的"数额较大""数额巨大"。

具有下列情形之一的，应当认定为刑法第二百零五条第一款规定的"其他严重情节"：

（一）在提起公诉前，无法追回的税款数额达到三十万元以上的；

（二）五年内因虚开发票受过刑事处罚或者二次以上行政处罚，又虚开增值税专用发票或者虚开用于骗取出口退税、抵扣税款的其他发票，虚开税款数额在三十万元以上的；

（三）其他情节严重的情形。

具有下列情形之一的，应当认定为刑法第二百零五条第一款规定的"其他特别严重情节"：

（一）在提起公诉前，无法追回的税款数额达到三百万元以上的；

（二）五年内因虚开发票受过刑事处罚或者二次以上行政处罚，又虚开增值税专用发票或者虚开用于骗取出口退税、抵扣税款的其他发票，虚开税款数额在三百万元以上的；

（三）其他情节特别严重的情形。

以同一购销业务名义，既虚开进项增值税专用发票、用于骗取出口退税、抵扣税款的其他发票，又虚开销项的，以其中较大的数额计算。

以伪造的增值税专用发票进行虚开，达到本条规定标准的，应当以虚开增值税专用发票罪追究刑事责任。

第十二条　具有下列情形之一的，应当认定为刑法第二百零五条之一第一款规定的"虚开刑法第二百零五条规定以外的其他发票"：

（一）没有实际业务而为他人、为自己、让他人为自己、介绍他人开具发票的；

（二）有实际业务，但为他人、为自己、让他人为自己、介绍他人开具与实际业务的货物品名、服务名称、货物数量、金额等不符的发票的；

（三）非法篡改发票相关电子信息的；

（四）违反规定以其他手段虚开的。

第十三条　具有下列情形之一的，应当认定为刑法第二百零五条之一第一款规定的"情节严重"：

（一）虚开发票票面金额五十万元以上的；

（二）虚开发票一百份以上且票面金额三十万元以上的；

（三）五年内因虚开发票受过刑事处罚或者二次以上行政处罚，又虚开发票，票面金额达到第一、二项规定的标准60%以上的。

具有下列情形之一的，应当认定为刑法第二百零五条之一第一款规定的"情节特别严重"：

（一）虚开发票票面金额二百五十万元以上的；

（二）虚开发票五百份以上且票面金额一百五十万元以上的；

（三）五年内因虚开发票受过刑事处罚或者二次以上行政处罚，又虚开发票，票面金额达到第一、二项规定的标准60%以上的。

以伪造的发票进行虚开，达到本条第一款规定的标准的，应当以虚开发票罪追究刑事责任。

第十四条　伪造或者出售伪造的增值税专用发票，具有下列情形之一的，应当依照刑法第二百零六条的规定定罪处罚：

（一）票面税额十万元以上的；

（二）伪造或者出售伪造的增值税专用发票十份以上且票面税额六万元以上的；

（三）违法所得一万元以上的。

伪造或者出售伪造的增值税专用发票票面税额五十万元以上的，或者五十份以上且票面税额三十万元以上的，应当认定为刑法第二百零六条第一款规定的"数量较大"。

五年内因伪造或者出售伪造的增值税专用发票受过刑事处罚或者二次以上行政处罚，又实施伪造或者出售伪造的增值税专用发票行为，票面税额达到本条第二款规定的标准60%以上的，或者违法所得五万元以上的，应当认定为刑法第二百零六条第一款规定的"其他严重情节"。

伪造或者出售伪造的增值税专用发票票面税额五百万元以上的，或者五百份以上且票面税额三百万元以上的，应当认定为刑法第二百零六条第一款规定的"数量巨大"。

五年内因伪造或者出售伪造的增值税专用发票受过刑事处罚或者二次以上行政处罚，又实施伪造或者出售伪造的增值税专用发票行为，票面税额达到本条第四款规定的标准60%以上的，或者违法所得五十万元以上的，应当认定为刑法第二百零六条第一款规定的"其他特别严重情节"。

伪造并出售同一增值税专用发票的，以伪造、出售伪造的增值税专用发票罪论处，数量不重复计算。

变造增值税专用发票的，按照伪造增值税专用发票论处。

第十五条　非法出售增值税专用发票的，依照本解释第十四条的定罪量刑标准定罪处罚。

第十六条　非法购买增值税专用发票或者购买伪造的增值税专用发票票面税额二十万元以上的，或者二十份以上且票面税额十万元以上的，应当依照刑法第二百零八条第一款的规定定罪处罚。

非法购买真、伪两种增值税专用发票的，数额累计计算，不实行数罪并罚。

购买伪造的增值税专用发票又出售的，以出售伪造的增值税专用发票罪定罪处罚；非法购买增值税专用发票用于骗取抵扣税款或者骗取出口退税款，同时构成非法购买增值税专用发票罪与虚开增值税专用发票罪、骗取出口退税罪的，依照处罚较重的规定定罪处罚。

  第十七条　伪造、擅自制造或者出售伪造、擅自制造的用于骗取出口退税、抵扣税款的其他发票，具有下列情形之一的，应当依照刑法第二百零九条第一款的规定定罪处罚：

  （一）票面可以退税、抵扣税额十万元以上的；

  （二）伪造、擅自制造或者出售伪造、擅自制造的发票十份以上且票面可以退税、抵扣税额六万元以上的；

  （三）违法所得一万元以上的。

  伪造、擅自制造或者出售伪造、擅自制造的可以用于骗取出口退税、抵扣税款的其他发票票面可以退税、抵扣税额五十万元以上的，或者五十份以上且票面可以退税、抵扣税额三十万元以上的，应当认定为刑法第二百零九条第一款规定的"数量巨大"；伪造、擅自制造或者出售伪造、擅自制造的可以用于骗取出口退税、抵扣税款的其他发票票面可以退税、抵扣税额五百万元以上的，或者五百份以上且票面可以退税、抵扣税额三百万元以上的，应当认定为刑法第二百零九条第一款规定的"数量特别巨大"。

  伪造、擅自制造或者出售伪造、擅自制造刑法第二百

零九条第二款规定的发票,具有下列情形之一的,应当依照该款的规定定罪处罚:

(一)票面金额五十万元以上的;

(二)伪造、擅自制造或者出售伪造、擅自制造发票一百份以上且票面金额三十万元以上的;

(三)违法所得一万元以上的。

伪造、擅自制造或者出售伪造、擅自制造刑法第二百零九条第二款规定的发票,具有下列情形之一的,应当认定为"情节严重":

(一)票面金额二百五十万元以上的;

(二)伪造、擅自制造或者出售伪造、擅自制造发票五百份以上且票面金额一百五十万元以上的;

(三)违法所得五万元以上的。

非法出售用于骗取出口退税、抵扣税款的其他发票的,定罪量刑标准依照本条第一、二款的规定执行。

非法出售增值税专用发票、用于骗取出口退税、抵扣税款的其他发票以外的发票的,定罪量刑标准依照本条第三、四款的规定执行。

第十八条　具有下列情形之一的,应当认定为刑法第二百一十条之一第一款规定的"数量较大":

(一)持有伪造的增值税专用发票或者可以用于骗取出

口退税、抵扣税款的其他发票票面税额五十万元以上的；或者五十份以上且票面税额二十五万元以上的；

（二）持有伪造的前项规定以外的其他发票票面金额一百万元以上的，或者一百份以上且票面金额五十万元以上的。

持有的伪造发票数量、票面税额或者票面金额达到前款规定的标准五倍以上的，应当认定为刑法第二百一十条之一第一款规定的"数量巨大"。

第十九条　明知他人实施危害税收征管犯罪而仍为其提供账号、资信证明或者其他帮助的，以相应犯罪的共犯论处。

第二十条　单位实施危害税收征管犯罪的定罪量刑标准，依照本解释规定的标准执行。

第二十一条　实施危害税收征管犯罪，造成国家税款损失，行为人补缴税款、挽回税收损失，有效合规整改的，可以从宽处罚；犯罪情节轻微不需要判处刑罚的，可以不起诉或者免予刑事处罚；情节显著轻微危害不大的，不作为犯罪处理。

对于实施本解释规定的相关行为被不起诉或者免予刑事处罚，需要给予行政处罚、政务处分或者其他处分的，依法移送有关主管机关处理。有关主管机关应当将处理结果及时通知人民检察院、人民法院。

笔者认为，在处理涉税事项时，要先想一想有可能存在什么样的刑事责任，再考虑一下被追缴税款的问题，有没有防御应对的合法方法。在合规的基础之上，再做一些业务安排及税务统筹事项，这才是为自己负责的做法。看看当前的一些涉税责任的追溯，有很多是老板在过去盲目乐观的状态下操作的，"得不偿失""赔了夫人又折兵"的情况屡有发生，应对难度、成本非常高。

有人提出："涉及发票的违法事项，不是也为了少缴、不缴税款吗？为何不都并入偷逃税款的情形进行处理呢？"想法是美好的，但现实并非想象的那样简单。在这里我们先厘清一个责任关系的问题。纳税人主观故意取得不合规的发票，其目的往往比较多样，但核心的主要有如下三个方面：一是为少缴增值税或企业所得税；二是为了规避个人所得税，主要是用于转移利润或"公转私"等目的；三是其他一些非税目的，比如做大业绩、骗取融资贷款等，也有的可能涉及"洗钱""行受贿"，不一而足。如果纳税人是为了逃避纳税义务，则将面临双重的责任追究问题，一是涉及被定性为偷税，被追缴税款、滞纳金，面临行政处罚；二是达到相应条件时涉及被追究逃税罪或虚开增值税专用发票罪、虚开发票罪等处理情形。在刑罚处理中，面临着对单位的罚金以及对相关责任人的刑罚处理问题；而在行政处理中，通常较多的是涉及纳税主体的责任，对个人予以税务行政处理的情形较少，但诸如个人介绍虚开发票行为的，则有可能对该个人予以行政处罚。在实务当中，如果涉嫌发票违法犯罪行为的，一般税务机关先行移送公安机关处理，相关税务处理暂时停止，以司法机关最终处理的结果作为参考，届时再启动行政执法程序，此时就不会涉及同时考虑逃税罪的问题；如果达不到移送标准的，则直接进行税务行政处理。对于一些同时满足涉嫌逃税罪与虚开发票犯罪行为的，往往考虑法条竞合，适用其中较重的责任条款追究其刑事责任，通常在刑事责任上以虚开发票犯罪追究刑事责任的情形居多。在实践当中，因为发票犯罪在适用逃税罪与虚开发票犯罪定责的情形下，存在一定的"转换可能"。作为辩护人的律师，或者是相关责任人，对此也要有相应的认识，毕竟法释〔2024〕4号文件给出了这样的意见。至于在实践当中的应用如何，还需要结合当地的司法认识、营商环境等诸多因素，进行合规的权益争取。

还有一点需要关注，即涉及税款补缴的情形，是需要先由税务机关进行处理的，未经税务机关的处理程序，公安机关不能直接以涉嫌逃税罪进行立案处理；但对于涉嫌发票犯罪行为的，公安机关可以直接进行立案侦查，并对相关涉嫌违法犯罪行为的人员进行拘留，经检察机关批准进行逮捕处理等。对此，很多企业老板并不熟悉，容易不知所措。所以，知法、守法是关键，而懂法、用法是更高的要求，更是成功企业家的"知识保障"。

【案例4-3】 在公安云端集群战役中，S市公安经侦部门收到M市公安部门破获某团伙虚开发票案件信息，其中两户空壳企业向S市A建材生产企业虚开防水材料增值税专用发票。公安部门将这一线索移交税务稽查部门，两部门同时对A企业立案并同步开展对A企业调查取证工作。

起初A企业法定代表人不承认有取得虚开增值税发票行为，公安经侦出具手续扣留了A企业涉税凭证资料，税务检查人员在核对企业账目、凭证、申报时，发现除公安提供线索外，A企业从关联企业及上游几户企业取得增值税发票存在疑点，从大数据平台调取疑点企业票流信息，A企业及关联企业有从疑点企业交叉重复取票异常现象，在公安部门与银行联网平台调取A企业与疑点企业资金流信息基础上，公安侦查员与税务稽查人员迅速到外地调查取证。当公安、税务执法人员从票流、物流、资金流取得证实A企业从上游5户企业取得虚开发票的证据后，A企业法定代表人承认了在经营期间，因生产、基建购进材料、劳务未取得发票无法入账及合法抵扣税款，索取了M市供货商提供的2户企业虚开发票，从另外3户企业取得虚开发票是通过中间人介绍购买的，并虚构资金流平账，以为这样天衣无缝可以逃避监管。没料到被公安、税务稽查部门查处后，不但要补交税款、滞纳金，还要被司法部门处以罚金、追究刑事责任。

由于同一事项可能既面临着行政法的处罚和刑事责任下的罚金，为此《行政处罚法》规定：

第二十九条　对当事人的同一个违法行为，不得给予两次以上罚款的行政处罚。同一个违法行为违反多个法律规范应当给予罚款处罚的，按照罚款数额高的规定处罚。

在有的情形下，比如法院判决处以某单位罚金20万元，后税务机关依法进行行政处理时，发现若以虚开发票适用行政处罚的标准是50万元，而如果定为偷税并以偷税金额进行处罚的话，假设最高可处罚金额为1 000万元，依据"一事不两罚"的原则，通常税务机关也不应再进行处罚，一定程度上这是有利于纳税人的地方。

笔者观察到，对于类似的虚开发票案件的法院判决，其定罪量刑存在着理解口径、判决结果方面较多且较大的差异之处；也有人认为存在对虚开发票犯罪行为人有量刑过重的情形。对此，宜从规范审判中对量刑定罪的标准、适用法律条款方面进行统一，减少理论上的认识偏差。同时我们也看到，最高人民法院、最高人民检察院与公安部结合法释〔2024〕4号文件进行的解读，推进法的实施与标准掌握，形成理解协同。期待"二高一部"能够进一步细化协同，形成统一认识，推进司法实践中的统一理解。同时通过普法教育，让企业从业人有风险警示意识。

考虑到"以票管税""以数治税"在我国税收征管体系中的"中流砥柱"的功能作用，将发票违法行为的税收危害结果直接并入"逃税罪"处理的考虑，在目前并不成熟。笔者认为，发票是中国税收的"大动脉"与"中枢神经"，偷逃税涉及的方面广泛与多样，而发票是当重点保障与维护根基基础，比如虚抵发票骗取出口退税，这是明显地"侵占"国家的税款，而偷逃税款，是自己应缴税款的少缴问题，尚未进入国库财政收入中，其性质并不相同。再者说，比如虚开增值税专用发票犯罪被追究刑事责任中的最高刑期是无期徒刑，而逃税罪的最高刑期是七年，这也存在着轻重之分，如何说并就可以并呢？但其间的量刑定罪的适用存在着"转换"空间，因此还需考虑危害税收的结果平衡考虑，尽量给企业与相关个人保留继续"发光发热"的机会。

4.3 财税人的避险考虑

学习《增值税法》固然重要，财税人的热情非常高涨，对于新知识的渴求也是值得赞扬的，但笔者认为，一味地"猛冲猛打"，并不见得是多好的事情。作为一个财税人，要先有保护自己的能力，这种能力包括意识与专业两个方面。平时，可能企业的会计人员和税务人员更多的是聚焦于专业方面，而忽略了责任方面，基本上对于老板的安排是"言听计从"者居多。对此，财务人员需要提高警惕。当然，这里不意味着"敷衍"公司的安排，不工作少工作，而是要有提示风险的专业能力。如果老板或公司确定要做而自己暂时没有办法改变的情形下，那么锁定证据、界定责任是关键！比如，需要老板的签字，要求业务人员提供相应的交易凭据，履行正当的工作职责。最为重要的是，切勿因"贪小利"而共谋实施一些违法违规的行为，以免给自己带来风险，正所谓"常在河边走，哪有不湿鞋"，而且对于这类事情，往往相关部门要先向财务人员问询了解，此时最关键是要知道风险的严重程度，要在行政责任与刑事责任方面都有非常强的识别能力。因此，强烈建议财税从业者学习法律知识，建立对法律的敏感度。

从事财税服务、法律服务、商务服务的中介机构及其工作人员,在合规化日益提升的大趋势下,更应做好自我保护。当前,一些过去的招商园区运营机构持续"爆雷",过去建立在获取财政返还的基础上给企业提供所谓的"避税"服务的中介机构,面临着很多的不确定性风险。

增值税立法必然会进一步提升法律的遵从度。未来,多部门联合执法,打击以骗取增值税退税、虚抵进项税额等违法行为的手段会越来越多样化,打击力度也会越来越大。学习计税纳税固然重要,这是专业从业人员的"饭碗",但是做好自己的职业防护也更为关键。

4.4 免税情形下抵扣权益的保障空间

在实务中,可能大家有接触这样的业务情形,如某企业的业务满足增值税免税条件,企业的下游客户基本是消费者,不大需要专用发票,甚至都不要发票。在这种情形下,企业决定适用免税优惠政策,同时财务部门给业务人员、采购人员的要求是:"大家取得普通发票就好了,不要专用发票,要了专用发票风险管理要求高!"在财务人员的眼中,专用发票责任大,如果不勾选抵扣,甚至还有风险跟踪要求对这种"滞留票"进行说明,你说是不是挺烦的呢?

但我们要防范一个问题,万一纳税人的免税政策适用不对呢?如税务机关认为纳税人不满足免税条件,不能适用免税政策,要求按一般计税方法计算销项税额后,一看没有进项税额啊!此时如何办呢?去重新换取发票?估计有的企业是关门清算或找不到人、异常了，增值税也不会给核定的政策与空间，也不是算出来的进项税额，此时很可能欲哭无泪啊。老板估计也要把生意赔进去了！

所以，从风险管理的角度，平时该要专用发票就要专用发票，但不勾选抵扣，如果勾选了，对不起，需要进项转出又可能麻烦了！当纳税人面临要求按应税处理时，此时再勾选进项，这样至少有可抵扣的进项税额来备用。在技术处理上，可以考虑以留抵抵欠税方法应对，但这个处理有一个小的问题，就是附加税费的重复征收问题。类似的问题如留抵税额退税时，现在的政策是允许在未来计缴附加税费时，增值税额作为基数要扣除留抵税额的金额，由于留抵抵欠税是一个小众事项，同样有此问题，估计没有引起特别大的关注，理论上也应借鉴留抵税额退税一样的处理，只是政策不明确，地方税务机关也怕有责任，这是一个现实的问题。

增值税的问题，有时不是算法上的，而是期间、勾选这样的系统操作的条条框框限制，但至少上面的操作给自己留下了"利益空间"，甚至是"生存机会"！这里的责任体现是经济责任的防范，毕竟由于增值税的刚性征管制度与操作，遇到问题后有时确是"欲哭无泪"。

4.5 应开具发票而未开具发票或者提供发票不合规情形下的经济责任追究

笔者最近接触与研究了此方面的案例，发现受此困扰的企业还比较多，与此同时，法院对此的认识还存在差异。如当一方未给另一方开具合规发票时，另一方向法院提起民事诉讼，要求对方就其未取得合规发票的行为导致"多缴"的税款进行赔偿，这里包括企业所得税税前扣除、专用发票抵扣、土地增值税税前扣除等事项，但法官可能认为，涉及开具发票的事项不是民事关系，应属于税务机关负责的行政性事项，诉讼人可以向对方的主管税务机关反映处理，而不是直接向法院提起民事诉讼。笔者认为，在每个案件中，可能导致销售方未开具发票、未提供合规发票的原因是比较多的，如有的时候是未付款对方不予开具发票，有因挂靠情形产生的多方之间的矛盾问题，也有的是合同约定不清或对货物质量、服务质量方面的争议引起的。

卖方拒开发票，买方如何维权？[①]

卖方拒开发票，买方可向税务机关投诉，但税务执法有边界，一些情况下买方通过该渠道无法解决问题。买方可根据《民法典》等规定，提前在合同中约定开具发票条款，若卖方违约，可要求法院判令卖方开具发票或支付因拒开票给买方造成的税款损失及利息。

《发票管理办法》第十九条规定，"销售商品、提供服务以及从事其他经营活动的单位和个人，对外发生经营业务收取款项，收款方应当向付款方开具发票；特殊情况下，由付款方向收款方开具发票"。但在实际交易中，收款方

---

① 中国税务报，2023年5月16日，作者：房文静，作者系国家税务总局广州市税务局公职律师。

（以下简称"卖方"）应开未开发票的现象时有发生，占税务机关接收举报投诉的半数以上。

被拒开发票时，付款方（以下简称"买方"）无法进行增值税进项税抵扣，也不能在企业所得税税前扣除，会加重企业税负。如果企业在未取得发票时暂估成本并进行税前列支，但在当年度企业所得税汇算清缴期结束前仍未取得合法有效凭证，未进行企业所得税纳税调整，则不仅会面临补缴税款、滞纳金的局面，还可能被税务机关依照《税收征管法》规定并处少缴税款50%至5倍的罚款。不动产交易发票缺失还会影响买方办理过户。因此，当买方无法顺利取得发票时，会采用各种方式维权。

但买方如何维权，税务机关的执法边界在哪里，不少纳税人和税务人员心中存疑，笔者下面结合税法与民法的法律规定进行分析。

拒开发票带来维权与执法难题

其一，向税务机关举报投诉，存在操作难点。

拿不到发票时，买方最常见的做法就是向卖方的主管税务机关进行举报投诉。主管税务机关按照《发票管理办法》第三十条和第三十五条规定，要向当事各方询问与发票有关的问题和情况，对应当开具而未开具发票的纳税人进行责令改正，有违法所得的予以没收，并可以处1万元以下的罚款。

这种方法通常可以督促卖方开票，但也存在难点——

有些卖方已失踪失联，有些卖方宁愿被罚款也拒不开票。常见情况有买卖双方存在合同纠纷，卖方以拒开发票逼对方让步或催收合同尾款的；有因司法拍卖、民事诉讼败诉，赌气不向对方开具发票的。在行政处罚无效的情况下，税务机关如何干预，还要看卖方是否少缴税款。若卖方未开票导致少纳税申报，主管税务机关可要求其开票并补缴税款，或将案源线索移送稽查部门处理。若卖方已开具发票并申报开票收入，只是拒不交付给买方，就不构成税法上的拒不开票行为，根据"法无明文规定不可为"原则，税务机关无权强制卖方交付发票。

另外，现行发票代开政策规定，代开发票是依申请而非依职权执法行为。因此，税务机关不能未经卖方申请而代开发票。如果卖方是有增值税票种的一般纳税人，更必须由其自行开票，即使买方已代卖方缴纳了全部税款，税务机关也无法代开。

当通过举报途径无法解决取得发票问题时，有些举报人认为税务机关不作为，通过反复举报、复议、信访甚至行政诉讼等方式继续维权。压力之下，有的基层税务机关对拒不开票的卖方多次责令改正并处罚，这有违"一事不二罚"原则，存在执法风险。

其二，买方拒绝付款或扣留税款，存在风险。

除了向税务机关举报，有些买方会采取对等措施，在未收到发票前拒绝支付合同款项，理由是依据《民法典》

第五百二十五条、第五百二十六条的规定，有权主张"先履行抗辩权"或"同时履行抗辩权"，这种做法大概率不会得到法院支持。由最高人民法院民事审判第一庭编著的《民事审判实务问答》中认为，在一方违反约定没有开具发票的情况下，另一方不能以此为由拒绝履行合同主要义务即支付工程价款。（2016）最高法民申679号、（2017）最高法民申1675号判决书均体现了该观点，认定给付货款（工程款）义务属于主合同义务，开具发票义务属于从合同义务，不得仅因对方未开具发票而拒绝或延迟支付合同款项。有种情况例外，即当双方合同明确约定"卖方先提供发票，买方才付款"。（2019）最高法知民终177号、（2019）最高法民申2634号判决书认为，案涉协议明确赋予了买方在卖方未开具发票的情形下有拒付工程款的权利，买方有权行使先履行抗辩权，不支付工程首付款。但（2020）最高法民申4859号判决书对此有不同观点，认为付款义务系合同的主给付义务，直接影响到当事人合同目的的实现。开具发票义务属从给付义务，不具有与付款义务同样的地位，因此即使双方合同中有关于"迟延开发票，付款可相应顺延"的约定，买方的先履行抗辩权也不能成立。

有些买方得不到发票，便在支付货款时直接扣减与其可抵扣、扣除税款相应的金额，以弥补受到的损失。这种做法也存在风险。（2021）最高法民申5686号判决书的裁判观点是，在双方未有事先约定的情形下，买方直接扣减相应税款缺乏事实和法律依据，法院不予支持。

可见，在合同无事先约定的情况下，买方对拒开发票采取自力救济措施难度大，法律风险高。

其三，通过民事诉讼处理，存在认定争议。

对民事诉讼中原告要求被告开具发票的诉讼请求，法院的判决结果并不统一。(2019)最高法民终1510号判决书认为，双方合同未约定开具发票事宜，缺乏合同依据；发票的开具涉及税务机关的行政管理职能，能否开具及开具的具体程序均不明确。对拒不开具发票的行为，权利遭受侵害的一方当事人可以向税务部门投诉，由税务部门依照税收法律法规处理，不属于民事案件的审理范围。(2021)最高法民申1337号判决书则认为，根据《税收征管法》第二十一条第一款及《发票管理办法》第十九条的规定，当事人之间一方开具发票与另一方取得发票的关系，属于民事法律关系范畴和民事案件的审理范围，判决被告收取工程款后向原告开具相应数额的工程款发票。

有些买方在诉讼中向不开票或迟延开票的卖方主张赔偿税款损失，得到法院支持。最高人民法院曾判令某逾期开票方承担买方未及时收到增值税专用发票，未抵扣进项造成的资金占用损失。在另一起合同纠纷案件中，卖方逾期开具发票，其间增值税税率由16%下降为13%，法院判令其向对方赔偿差额税额损失。

对税务机关依法履职的建议

行政不作为是指行政主体依公民、法人或其他组织的合法申请,应当履行相应的法定职责,却不履行或者拖延履行的一种行为方式。但行政机关执法的效果受到各种客观条件的限制,"作为"不等于"作成"。笔者认为,只要主管税务机关严格按照法律规定,对不开发票行为采取了责令改正、行政处罚、税务约谈和实地调查等措施,对涉嫌以不开发票方式少缴税款的当事人,视情况移送稽查部门和公安机关,即使暂时未能纠正违法,税务机关也做到了履职尽责,不属于"不作为"或"渎职"。同时,税务机关可以在罚款之外综合运用其他惩戒方式。比如,按照《发票管理办法》第四十条"对违反发票管理规定2次以上或者情节严重的单位和个人,可以向社会公告"的规定,对多次不开发票、涉及金额较大或拒不改正的纳税人进行公告。还可以依照《税收征管法》第七十二条的规定,收缴或停供其发票。

此外,建议税务机关放宽代开发票及所得税扣除要求,为无法取得发票导致权益受损的纳税人开辟一条处理通道。一是把"经税务机关执法企业仍无法取得发票"的情形纳入《企业所得税税前扣除凭证管理办法》第十四条有关可凭其他资料证实支出真实性后允许税前扣除的范围。二是对发生了交易成本,且已代卖方支付增值税税款,实际产生增值税进项的纳税人,税务机关可为其代开相同税率的发票,帮助企业实现增值税进项抵扣。通过这些方式,可以打通卖方不开发票导致的交易"梗阻",切实维护买方的合法权益。

对买方民事主体合法维权的建议

在合同签署阶段,买方应妥善约定合同条款。《民法典》第五百九十九条规定:"出卖人应当按照约定或者交易习惯向买受人交付提取标的物单证以外的有关单证和资料。"

按照《最高人民法院关于审理买卖合同纠纷案件适用法律问题的解释》(法释〔2012〕8号)第七条对"提取标的物单证以外的有关单证和资料"的列举,其中包括普通发票、增值税专用发票。因此,开具发票既属于税法义务,也属于民商法中的从合同义务。建议买方在签订交易合同时,明确约定卖方的开具发票义务,包括开票时间、开票类型及拒开或迟延开具发票的违约责任条款,最好将开具发票约定为付款的前提条件。这样既能保证买方获取发票的主动地位,又为后期民事诉讼请求法院受理案件奠定基础。在无合同约定的情况下,买方则不宜擅自停付合同款项或扣留相应税额。

如果在税务机关执法后卖方仍不交付发票,当事人可提出民事诉讼维权。笔者认为,开具发票虽然属于从合同义务,但不影响其在诉讼中的独立请求,可以单独提出诉请。原告可采取两类诉讼思路:一是要求法院判令卖方开具发票。判决生效后对方不履行判决的,可以由法院强制执行。对有能力执行而拒不执行法院判决、裁定,情节严重的，可根据刑法第三百一十三条规定追究当事人的刑事责任。二是要求法院判令卖方支付因拒绝开票给买方造成的税款损失及利息。这样可以避免开具发票是否属于法院受理民事案件范围的争议，并直接获得经济赔偿。

笔者认为，作为企业负责人或业务人员、财务人员，很有必要在合同当中注明发票开具、结算与交易条款，"先小人，后君子"，这样在民事诉讼中就可能得到认可与支持，民事诉讼程序也可以走得通。《增值税法》实施在即，乘此东风，进一步优化与强化财税风险措施，有必要同时考虑。

下面是一则来自中国裁判文书网的判决书，供大家参照：

某某集团有限公司与深圳市某某建设集团有限公司合同纠纷再审审查民事判决书

河北省石家庄市中级人民法院

民事判决书

（2024）冀01民再192号

再审申请人（一审原告，二审被上诉人）：某某集团有限公司，住所地河北省石家庄市桥西区。

法定代表人：略。

委托诉讼代理人：李某，该公司律师。

委托诉讼代理人：略。

被申请人（一审被告，二审上诉人）：深圳市某某建设集团有限公司,住所地深圳市福田区。

法定代表人:略。

委托诉讼代理人:略。

再审申请人某某集团有限公司(以下简称"某甲公司")与被申请人深圳市某某建设集团有限公司(以下简称"某乙公司")合同纠纷一案,河北省石家庄市桥西区人民法院(以下简称"桥西法院")作出(2022)冀0104民初3987号民事判决,某乙公司不服,向本院提起上诉。本院作出(2023)冀01民终2216号民事判决,该判决已经发生法律效力。某甲公司不服,向河北省高级人民法院申请再审。河北省高级人民法院作出(2023)冀民申11464号民事裁定,指令本院再审本案。本院依法另行组成合议庭审理了本案。本案现已审理终结。

某甲公司申请再审称,请求依法撤销河北省石家庄市中级人民法院作出的(2023)冀01民终2216号民事判决,维持桥西法院(2022)冀0104民初3987号民事判决,本案一审、二审受理费、保全费均由被申请人承担。

事实与理由:一、申请人在税务检查前对案涉77份发票涉及的采购业务没有实际发生的事实并不知情,二审法院推断性地认为是对《税务处理决定书》的机械解读,更是对基本事实的错误认定。二、案涉工程财务账户的付款是直接付给被申请人和与被申请人有关联关系的深圳市某某建设有限公司(以下简称"某丙公司"),申请人无法通过付款情况对案涉77份发票予以审核，二审法院认定事实不清。三、案涉77份发票是由与被申请人有关联关系的某丙公司邮寄，并经被申请人签字认可，因此按二审法院的观点，应该首先由被申请人对案涉77份发票承担审核义务，二审法院判决由申请人承担全部损失，明显不公。

某乙公司提交意见称，某甲公司因虚开增值税发票少缴的税款为违法所得，不受法律保护。某乙公司不是77张发票开具者，也不是开具义务人，对发票不具有审核义务，不是侵权主体。某甲公司对发票具有审核义务，可以通过付款情况对案涉发票予以审核。对《税务处理决定书》未提起行政复议，说明认可其内容。请求驳回某甲公司再审请求。我们认为石家庄市中级人民法院（2023）冀01民终2216号民事判决书对于事实查清、证据的认定，法律程序的正当都是没有问题的，这个判决书我们认为是一个客观的，也是一个高水平的判决书。

某甲公司向一审法院起诉请求：1.判令被告赔偿损失1 161 490.47元及利息（利息自2018年6月1日起至2019年8月19日止按照人民银行同期贷款利率计算为68 197.24元，自2019年8月20日起至2021年12月31日按照贷款市场报价利率计算为109 716.46元，后续按照贷款市场报价利率计算至付清之日止）；2.判令被告承担案件受理费、保全费及保全担保费等。

一审法院认定事实：2010年9月1日，原告某甲公司（甲方）与被告某乙公司（乙方）就原告中标的乐昌至广州高速公路项目土建工程第 T 11 合同段签订《乐昌至广州高速公路项目土建工程第 T 11 合同段施工合作协议》，协议约定就原告中标的项目双方共同组建施工合同工程的经理部；经理部由双方联合组建，原告某甲公司主持，被告某乙公司负责项目部日常工作并负责合同工程的施工履约、完成并使之通过竣工验收。合同第 6 条约定原告按规定刻制项目部公章、财务专用章，项目部在当地设立财务账户，由原告到银行预留印鉴，账户由双方共同管理和使用，项目部的公章、财务专业章由原告人员管理，用于项目部财务工作的项目经理的印章由被告人员预留银行印鉴并由被告人员管理；被告使用经理部行政公章对外签订合同时，应经原告项目经理确认并备存一份复印件，该合同仍由被告签订和履行，合同中的法律责任由被告承担，与原告无关；未经原告项目经理确认的合同视为无效合同，由此引起的后果由被告承担；6.2 条约定因工程施工需要，被告与其他单位签订的所有合同，由被告负责，因此发生的一切经济责任均由被告承担，与原告无关。合同第 8 条第（16）项约定被告某乙公司负责承担下列费用：办理合同的履约担保手续和工程预付款担保手续所需交放在担保银行的抵押金、手续费和年费；原告派遣到经理部工作的人员的日常办公开支、食宿费；经理部应缴纳的各种税费。合同第 9.1 条甲方管理费约定原告因履行甲方责任而发生的费用，按实际计量支付收取 3% 管理费；第 9.2 条乙方工程款约定从"与业主实际计量结算的价款"中减去原告应扣除的各项费用后剩余的价款为"乙方工程款"，由原告支付给被告,被告向原告提供合法票据,原告除支付"乙方工程款"外不再承担任何费用。合同第10.2条约定工程款支付时间为在业主支付工程款之日起7个工作日内,同时被告必须将合法票据交给原告,原告将工程款中的乙方部分支付给被告;第10.3条约定原告向被告支付第9.2条所述款项时,扣除下列费用:按当期计量结算的工程费用的3%管理费;原告派遣到经理部工作人员的工资;经理部应缴纳的税费;其他应扣除的费用。2011年12月1日,被告方项目经理林某伟以河北某某集团有限公司乐昌至广州高速公路第T11合同段项目经理部名义与深圳市某某建设有限公司(以下简称某丙公司)签订《工程施工劳务分包合同》,将上述合同段的路基、防护及改线工程交由某丙公司施工。2014年9月22日,案涉工程交工验收。2021年被告某乙公司就原告某甲公司拖欠工程款事宜向广东省韶关市曲江区人民法院提起诉讼,要求某甲公司支付工程款10 749 495.45元及利息,支付质量保证金8 369 646.02元及利息,支付律师费18万元。该院经审理,基于案涉工程尚未审计完成,对工程款总额未能确认,某甲公司已收到业主付款情况,其尚未收到业主的工程款部分某乙公司要求支付理由不足等情形,扣除某甲公司已付款,判令某甲公司支付某乙公司工程款1 005 243.35元及利息,驳回某乙公司其他诉讼请求。某乙公司不服该判决,提起上诉,广东省韶关市中级人民法院作出(2022)粤02民终535号民事判决,驳回上诉、维持原判。关于本案所涉税款损失。2018年原告委托河北金税税务师事务所对在2018年5月出具的某甲公司2017年度企业所得税年度纳税申报事项进行审核,该事务所出具审核报告,确定经抽查凭证,原告某甲公司费用中列支的不合格票据共计7 743 269.79元,根据国家税务总局关于纳税人不得使用不符合规定发票,特别是没有开具全称的发票不得用于税前扣除的规定,在企业所得税科目中需要调增应纳税所得额7 743 269.79元。2019年3月19日,国家税务总局石家庄市税务局稽查局向原告出具《税务处理决定书》(石税稽处〔2019〕302号),据该处理决定书,认定原告某甲公司存在取得不符合规定的增值税普通发票用于企业所得税前扣除行为,其取得发票的上游销售方企业为深圳市某甲建材有限公司、深圳市某乙建材有限公司,2户企业共涉及增值税普通发票77份,商品名称分别为水马、标识牌、防护网等,发票价税合计7 743 269.79元,某甲公司已在2017年8月列支到专项储备科目;77份发票企业开户银行账户信息为虚假填写,经核对了解,77份疑点发票皆为"乐昌到广州高速公路第T 11标"项目部,是2017年某甲公司与分包商深圳某某建设有限公司结算工程款时,深圳某某建设有限公司邮寄过来的,某甲公司将上述疑点发票入账列支;某甲公司承认疑点发票涉及的采购业务没有实际发生;认定某甲公司取得的77份疑点发票为不符合规定发票,发票价税合计7 743 269.79元,涉及企业所得税1 161 490.47元。处理决定为某甲公司取得77份疑点发票涉及的采购业务没有实际发生,不得在企业所得税前扣除,应调增2017年度应纳税所得额7 743 269.79元并缴纳相应企业所得税税款1 161 490.47元;因某甲公司已主动在2017

年度企业所得税汇算清缴期间，对77份发票作出企业所得税应纳税所得额调增7 743 269.79元，涉及企业所得税税额1 161 490.47元，并于2018年5月31日进行了企业所得税纳税申报缴纳，鉴于该情况，对本次发票检查涉及的企业所得税款不再作补税处理。原告某甲公司根据上述企业所得税审核报告及税务局《处理决定书》，主张根据双方协议第10.2条的约定，原告付款前应由被告某乙公司向原告提供合法有效的发票，被告提供的发票不合格导致原告多缴纳税款1 161 490.47元，该部分损失应由被告承担，并提供77份发票，77份发票背面均有被告某乙公司项目经理林某伟的签字，原告主张发票均由某乙公司认可后，再统一交到案涉项目财务部门。原告另提供某丙公司向原告提供的案涉工程的3张发票，背面亦有林某伟的签字，主张相关发票均得到某乙公司的认可。被告否认案涉77份发票由其提供，主张林某伟系被告与原告共同组建案涉项目部而派驻的施工管理人员，被双方任命为案涉项目的项目副经理，该职位代表整个项目部；项目所需材料除甲供材外，系由被告现场施工人员寻找和议价，原告方派驻现场的管理人员确认后，签订的合同并采购的，税务处理决定中某甲公司的陈述系单方陈述。

关于诉讼时效。原告提供2019年原告与被告关于税务损失的聊天记录及广东省韶关市曲江县人民法院审理某乙公司起诉某甲公司的庭审笔录，主张被告知道并认可案涉77张不合规发票导致的税务损失与被告有关，且该税务损失始终是双方结算项目之一，2020年原告也向被告主张过该税务损失，后撤诉。被告某乙公司认可2017年刚发现发票不合规时，原告曾向被告说过此事，但一直没有就此向被告主张权利或进行责任划分；即使自此起算诉讼时效，至2019年10月21日某甲公司提出时也已经超过法定诉讼时效。

一审法院认为，本案原、被告签订合作协议，原告中标的案涉项目由原、被告双方共同组建经理部，被告负责项目部日常工作并负责工程施工履约及相关材料供应，被告使用经理部印章对外签订合同并履行，工程款结算时，被告负责向原告提供合法票据，原告从与业主结算价款中减去应扣除的各项费用后给付被告工程款，双方对彼此权利义务约定明确。据上述税务师事务所审核及税务部门核查，案涉77份不合规发票系2017年结算工程款时，工程劳务分包单位深圳某某公司邮寄，发票经被告指派的项目经理林某伟签字认可后，交由项目财务部门，后原告入账列支，故该部分发票不合规由此产生的民事责任应由被告承担。据《税务处理决定书》，不合规发票所涉及企业所得税税额1 161 490.47元，原告以此用于企业所得税前扣除，后已于2018年5月31日进行了纳税申报缴纳，故原告要求被告赔偿该部分税款损失，符合法律及双方合同约定。至于原告将不符合规定的发票用于企业所得税税前扣除是否系偷税等违法行为，应否承担责任，属于税务部门处理范畴，且税务部门已经做出了处理，被告以此为由拒绝承担民事责任不能成立。

关于诉讼时效。原告2017年8月将案涉不合规发票入账列支，2018年相关税务师事务所审核查明发票不符合规定，2019年税务部门做出处理决定，被告认可发现票据不合规时原告曾向被告提过此事，2019年原告工作人员又通过微信聊天方式告知被告结算时应扣除该部分税款，2020年被告就工程款起诉本案原告时，原告亦就该税款损失向被告主张权利，后其撤诉后，于2022年2月提起本案诉讼，显然诉讼时效期间并未超过。故对被告关于原告起诉已经超过诉讼时效期间的主张，一审法院不予采信。据此判决：

被告深圳市某某建设集团有限公司于本判决生效之日起十日内赔偿原告某某集团有限公司税款损失1 161 490.47元及利息（利息自2018年6月1日起至2019年8月19日止按中国人民银行同期贷款利率计付，自2019年8月20日起至付清之日止，按全国银行间同业拆借中心公布的贷款市场报价利率计付）。

本院原二审期间，当事人没有提交新证据，本院原二审查明事实与一审基本一致。

本院原二审认为，当事人对自己提出的诉讼请求所依据的事实应当提供证据加以证明，人民法院应当按照法定程序，全面、客观地审核证据，依照法律规定，运用逻辑推理和日常生活经验法则，对当事人提供的证据予以审查，并结合相关事实确定待证事实是否存在。本案，被上诉人作为企业，依法缴税系其应尽的义务，被上诉人在收受发票入账并申报抵扣时，应对发票负有审核义务。根据国家税务总局石家庄市税务局稽查局向被上诉人出具《税务处理决定书》（石税稽处〔2019〕302号），被上诉人某甲公司承认案涉77张发票涉及的采购业务没有实际发生，即被上诉人对案涉77张发票存在疑点应知情，现被上诉人对此予以否认，但根据上诉人某乙公司与被上诉人某甲公司签订的案涉《乐昌至广州高速公路项目土建工程第T11合同段施工合作协议》第6条约定，案涉经理部由上诉人和被上诉人联合组建，财务总监由被上诉人方人员出任，项目部在当地设立财务账户，账户由上诉人与被上诉人双方共同管理和使用，可知被上诉人能够监管案涉工程的财务账户，其在收到深圳某某建设有限公司邮寄过来的案涉77张发票时，应该通过案涉工程的财务账户付款情况对票据予以审核。综上所述，被上诉人对案涉77张发票存在疑点知情具有高度盖然性，在此情况下其将案涉77张发票入账并申报抵扣，是导致被国家税务总局石家庄市税务局稽查局予以查处的直接原因，其所承担的调增税费责任实质上是因其违法行为受到的行政法上的责任，不能以此作为经济损失向他人请求民事赔偿，一审法院将被上诉人因被行政检查而调增税费认定为被上诉人损失并判令由上诉人承担，理据不足，应予纠正。

综上所述，深圳市某某建设集团有限公司的上诉请求成立，予以支持。依照《中华人民共和国民事诉讼法》第一百七十七条第一款第二项规定，判决：（一）撤销石家庄市桥西区人民法院（2022）冀0104民初3987号民事判决；（二）驳回某某集团有限公司的诉讼请求。

在本院再审期间双方当事人均未提交新证据。本院再审查明的事实与一审法院认定的事实一致，本院予以确认。

本院再审认为，根据双方当事人签订合作协议的约定，由某乙公司负责工程的施工，某甲公司向某乙公司支付工程款，某乙公司有向某甲公司提供合法票据的义务。双方当事人在广东省韶关市曲江区人民法院的诉讼，印证了上述事实。从工程施工情况看，项目经理林某伟以项目经理部名义与某丙公司签订《工程施工劳务分包合同》，部分工程交由某丙公司施工。案涉77张虚假发票背面均有林某伟的签字。上述事实说明某乙公司方经手了施工劳务分包及案涉77张发票的提供。案涉77张不合规发票虽系某丙公司邮寄，由深圳市某甲建材有限公司、深圳市某乙建材有限公司开具，但发票经某乙公司指派的项目经理林某伟签字认可后，交由项目部财务部门，后某甲公司入账列支。综上所述，某乙公司负有向某甲公司提供案涉工程合法票据的义务，案涉77张虚假发票与某乙公司有关联，故该部分发票不合规给某甲公司产生的损失，应由某乙公司承担。

综上所述，某甲公司的再审请求成立，本院予以支持。原二审判决适用法律错误，应予撤销；原一审判决认定事实清楚，适用法律正确，应予维持。依照《中华人民共和国民事诉讼法》第二百一十八条、第一百七十七条第一款第一项、最高人民法院关于适用《中华人民共和国民事诉讼法》的解释第四百零五条第二款规定，判决如下：

一、撤销本院（2023）冀01民终2216号民事判决；

二、维持河北省石家庄市桥西区人民法院（2022）冀0104民初3987号民事判决。

一审案件受理费16 855元，保全费5 000元；二审案件受理费16 855元，再审保全费5 000元，均由深圳市某某建设集团有限公司负担。

本判决为终审判决。

4.6　本章小结

尽管本章内容看似与《增值税法》的相关度不是很高，但波涛之下暗流涌动，法律风险不容小觑。

近年来，大家不难发现，在税务机关官方所发布的税务稽查处理公告或处罚公告，以及中国裁判文书网发布的涉税行政或刑事司法审判案例中，涉票事项占据了相当大的比例，并且这些涉票事项大多与增值税相关。增值税背后关联着巨大利益与风险，发票则常被当作获取不当利益的手段。在涉税违法案件中，因为发票、增值税事项被追究行政责任与刑事责任的企业与个人的案例屡见不鲜。随着技术手段的不断提升以及信息化智能工具的广泛应用，在大数据环境下，任何涉及发票的操作都会留下痕迹，而相应的风险很可能从上游或下游传导过来，让人防不胜防，正所谓"想要人不知，除非己莫为"！在某些情形下，笔者建议，凡是涉及"动票"的业务事项，务必三思而后行！与逃税罪大不同的是，发票违法犯罪被追究责任时，没有"阻却事由"可用。一旦被发现，即使补了税款和滞纳金，仍极有可能被追究责任，只是会根据具体情况予以从轻或减轻处理。

既然增值税立法了，那么大家应以法为鉴、以法为本，践行税收法定，这既是义务，也是自身的权利所在。

附1

中华人民共和国增值税法

（2024年12月25日第十四届全国人民代表大会常务委员会第十三次会议通过）

目　录

第一章　总　则

第二章　税　率

第三章　应纳税额

第四章　税收优惠

第五章　征收管理

第六章　附　则

第一章　总　则

第一条　为了健全有利于高质量发展的增值税制度，规范增值税的征收和缴纳，保护纳税人的合法权益，制定本法。

第二条　增值税税收工作应当贯彻落实党和国家路线方针政策、决策部署，为国民经济和社会发展服务。

第三条　在中华人民共和国境内（以下简称境内）销售货物、服务、无形资产、不动产（以下称应税交易），以及进口货物的单位和个人（包括个体工商户），为增值税的纳税人，应当依照本法规定缴纳增值税。

销售货物、服务、无形资产、不动产，是指有偿转让货物、不动产的所有权，有偿提供服务，有偿转让无形资产的所有权或者使用权。

第四条 在境内发生应税交易，是指下列情形：

（一）销售货物的，货物的起运地或者所在地在境内；

（二）销售或者租赁不动产、转让自然资源使用权的，不动产、自然资源所在地在境内；

（三）销售金融商品的，金融商品在境内发行，或者销售方为境内单位和个人；

（四）除本条第二项、第三项规定外，销售服务、无形资产的，服务、无形资产在境内消费，或者销售方为境内单位和个人。

第五条 有下列情形之一的，视同应税交易，应当依照本法规定缴纳增值税：

（一）单位和个体工商户将自产或者委托加工的货物用于集体福利或者个人消费；

（二）单位和个体工商户无偿转让货物；

（三）单位和个人无偿转让无形资产、不动产或者金融商品。

第六条 有下列情形之一的，不属于应税交易，不征收增值税：

（一）员工为受雇单位或者雇主提供取得工资、薪金的服务；

（二）收取行政事业性收费、政府性基金；

（三）依照法律规定被征收、征用而取得补偿；

（四）取得存款利息收入。

第七条 增值税为价外税，应税交易的销售额不包括增值税税额。增值税税额，应当按照国务院的规定在交易凭证上单独列明。

第八条 纳税人发生应税交易，应当按照一般计税方法，通过销项税额抵扣进项税额计算应纳税额的方式，计算缴纳增值税；本法另有规定的除外。

小规模纳税人可以按照销售额和征收率计算应纳税额的简易计税方法，计算缴纳增值税。

中外合作开采海洋石油、天然气增值税的计税方法等，按照国务院的有关规定执行。

第九条 本法所称小规模纳税人，是指年应征增值税销售额未超过五百万元的纳税人。

小规模纳税人会计核算健全，能够提供准确税务资料的，可以向主管税务机关办理登记，按照本法规定的一般计税方法计算缴纳增值税。

根据国民经济和社会发展的需要，国务院可以对小规模纳税人的标准作出调整，报全国人民代表大会常务委员会备案。

第二章 税　率

第十条　增值税税率：

（一）纳税人销售货物、加工修理修配服务、有形动产租赁服务，进口货物，除本条第二项、第四项、第五项规定外，税率为百分之十三。

（二）纳税人销售交通运输、邮政、基础电信、建筑、不动产租赁服务，销售不动产，转让土地使用权，销售或者进口下列货物，除本条第四项、第五项规定外，税率为百分之九：

1.农产品、食用植物油、食用盐；

2.自来水、暖气、冷气、热水、煤气、石油液化气、天然气、二甲醚、沼气、居民用煤炭制品；

3.图书、报纸、杂志、音像制品、电子出版物；

4.饲料、化肥、农药、农机、农膜。

（三）纳税人销售服务、无形资产，除本条第一项、第二项、第五项规定外，税率为百分之六。

（四）纳税人出口货物，税率为零；国务院另有规定的除外。

（五）境内单位和个人跨境销售国务院规定范围内的服务、无形资产，税率为零。

第十一条 适用简易计税方法计算缴纳增值税的征收率为百分之三。

第十二条 纳税人发生两项以上应税交易涉及不同税率、征收率的,应当分别核算适用不同税率、征收率的销售额;未分别核算的,从高适用税率。

第十三条 纳税人发生一项应税交易涉及两个以上税率、征收率的,按照应税交易的主要业务适用税率、征收率。

第三章 应纳税额

第十四条 按照一般计税方法计算缴纳增值税的,应纳税额为当期销项税额抵扣当期进项税额后的余额。

按照简易计税方法计算缴纳增值税的,应纳税额为当期销售额乘以征收率。

进口货物,按照本法规定的组成计税价格乘以适用税率计算缴纳增值税。组成计税价格,为关税计税价格加上关税和消费税;国务院另有规定的,从其规定。

第十五条 境外单位和个人在境内发生应税交易,以购买方为扣缴义务人;按照国务院的规定委托境内代理人申报缴纳税款的除外。

扣缴义务人依照本法规定代扣代缴税款的,按照销售额乘以税率计算应扣缴税额。

第十六条 销项税额,是指纳税人发生应税交易,按照销售额乘以本法规定的税率计算的增值税税额。

进项税额,是指纳税人购进货物、服务、无形资产、不动产支付或者负担的增值税税额。

纳税人应当凭法律、行政法规或者国务院规定的增值税扣税凭证从销项税额中抵扣进项税额。

第十七条　销售额,是指纳税人发生应税交易取得的与之相关的价款,包括货币和非货币形式的经济利益对应的全部价款,不包括按照一般计税方法计算的销项税额和按照简易计税方法计算的应纳税额。

第十八条　销售额以人民币计算。纳税人以人民币以外的货币结算销售额的,应当折合成人民币计算。

第十九条　发生本法第五条规定的视同应税交易以及销售额为非货币形式的,纳税人应当按照市场价格确定销售额。

第二十条　销售额明显偏低或者偏高且无正当理由的,税务机关可以依照《中华人民共和国税收征收管理法》和有关行政法规的规定核定销售额。

第二十一条　当期进项税额大于当期销项税额的部分,纳税人可以按照国务院的规定选择结转下期继续抵扣或者申请退还。

第二十二条　纳税人的下列进项税额不得从其销项税额中抵扣:

（一）适用简易计税方法计税项目对应的进项税额；

（二）免征增值税项目对应的进项税额；

（三）非正常损失项目对应的进项税额；

（四）购进并用于集体福利或者个人消费的货物、服务、无形资产、不动产对应的进项税额；

（五）购进并直接用于消费的餐饮服务、居民日常服务和娱乐服务对应的进项税额；

（六）国务院规定的其他进项税额。

第四章　税收优惠

第二十三条　小规模纳税人发生应税交易，销售额未达到起征点的，免征增值税；达到起征点的，依照本法规定全额计算缴纳增值税。

前款规定的起征点标准由国务院规定，报全国人民代表大会常务委员会备案。

第二十四条　下列项目免征增值税：

（一）农业生产者销售的自产农产品，农业机耕、排灌、病虫害防治、植物保护、农牧保险以及相关技术培训业务，家禽、牲畜、水生动物的配种和疾病防治；

（二）医疗机构提供的医疗服务；

（三）古旧图书，自然人销售的自己使用过的物品；

（四）直接用于科学研究、科学试验和教学的进口仪器、设备；

（五）外国政府、国际组织无偿援助的进口物资和设备；

（六）由残疾人的组织直接进口供残疾人专用的物品，残疾人个人提供的服务；

（七）托儿所、幼儿园、养老机构、残疾人服务机构提供的育养服务，婚姻介绍服务，殡葬服务；

（八）学校提供的学历教育服务，学生勤工俭学提供的服务；

（九）纪念馆、博物馆、文化馆、文物保护单位管理机构、美术馆、展览馆、书画院、图书馆举办文化活动的门票收入，宗教场所举办文化、宗教活动的门票收入。

前款规定的免税项目具体标准由国务院规定。

第二十五条　根据国民经济和社会发展的需要，国务院对支持小微企业发展、扶持重点产业、鼓励创新创业就业、公益事业捐赠等情形可以制定增值税专项优惠政策，报全国人民代表大会常务委员会备案。

国务院应当对增值税优惠政策适时开展评估、调整。

第二十六条　纳税人兼营增值税优惠项目的，应当单独核算增值税优惠项目的销售额；未单独核算的项目，不得享受税收优惠。

第二十七条　纳税人可以放弃增值税优惠；放弃优惠的，在三十六个月内不得享受该项税收优惠，小规模纳税人除外。

第五章　征收管理

第二十八条　增值税纳税义务发生时间，按照下列规定确定：

（一）发生应税交易，纳税义务发生时间为收讫销售款项或者取得销售款项索取凭据的当日；先开具发票的，为开具发票的当日。

（二）发生视同应税交易，纳税义务发生时间为完成视同应税交易的当日。

（三）进口货物，纳税义务发生时间为货物报关进口的当日。

增值税扣缴义务发生时间为纳税人增值税纳税义务发生的当日。

第二十九条　增值税纳税地点，按照下列规定确定：

（一）有固定生产经营场所的纳税人，应当向其机构所在地或者居住地主管税务机关申报纳税。总机构和分支机构不在同一县（市）的，应当分别向各自所在地的主管税务机关申报纳税；经省级以上财政、税务主管部门批准，可以由总机构汇总向总机构所在地的主管税务机关申报纳税。

（二）无固定生产经营场所的纳税人，应当向其应税交易发生地主管税务机关申报纳税；未申报纳税的，由其机构所在地或者居住地主管税务机关补征税款。

（三）自然人销售或者租赁不动产，转让自然资源使用权，提供建筑服务，应当向不动产所在地、自然资源所在地、建筑服务发生地主管税务机关申报纳税。

（四）进口货物的纳税人，应当按照海关规定的地点申报纳税。

（五）扣缴义务人，应当向其机构所在地或者居住地主管税务机关申报缴纳扣缴的税款；机构所在地或者居住地在境外的，应当向应税交易发生地主管税务机关申报缴纳扣缴的税款。

第三十条 增值税的计税期间分别为十日、十五日、一个月或者一个季度。纳税人的具体计税期间，由主管税务机关根据纳税人应纳税额的大小分别核定。不经常发生应税交易的纳税人，可以按次纳税。

纳税人以一个月或者一个季度为一个计税期间的，自期满之日起十五日内申报纳税；以十日或者十五日为一个计税期间的，自次月一日起十五日内申报纳税。

扣缴义务人解缴税款的计税期间和申报纳税期限，依照前两款规定执行。

纳税人进口货物，应当按照海关规定的期限申报并缴纳税款。

第三十一条 纳税人以十日或者十五日为一个计税期间的，

应当自期满之日起五日内预缴税款。

法律、行政法规对纳税人预缴税款另有规定的，从其规定。

第三十二条 增值税由税务机关征收，进口货物的增值税由海关代征。

海关应当将代征增值税和货物出口报关的信息提供给税务机关。

个人携带或者寄递进境物品增值税的计征办法由国务院制定，报全国人民代表大会常务委员会备案。

第三十三条 纳税人出口货物或者跨境销售服务、无形资产，适用零税率的，应当向主管税务机关申报办理退（免）税。出口退（免）税的具体办法，由国务院制定。

第三十四条 纳税人应当依法开具和使用增值税发票。增值税发票包括纸质发票和电子发票。电子发票与纸质发票具有同等法律效力。

国家积极推广使用电子发票。

第三十五条 税务机关与工业和信息化、公安、海关、市场监督管理、人民银行、金融监督管理等部门建立增值税涉税信息共享机制和工作配合机制。

有关部门应当依照法律、行政法规，在各自职责范围内，支持、协助税务机关开展增值税征收管理。

第三十六条 增值税的征收管理依照本法和《中华人民共

和国税收征收管理法》的规定执行。

第三十七条 纳税人、扣缴义务人、税务机关及其工作人员违反本法规定的,依照《中华人民共和国税收征收管理法》和有关法律、行政法规的规定追究法律责任。

第六章 附 则

第三十八条 本法自2026年1月1日起施行。《中华人民共和国增值税暂行条例》同时废止。

附2

增值税法、(草案)二次审议稿、(草案)与增值税暂行条例对照表

增值税暂行条例	增值税法(草案) 第一章 总 则	增值税法(草案)二次审议稿 第一章 总 则	中华人民共和国增值税法 第一章 总 则
			第一条 为了健全有利于高质量发展的增值税制度,规范增值税的征收和缴纳,保护纳税人的合法权益,制定本法
			第二条 增值税税收工作应当贯彻落实党和国家路线方针政策、决策部署,为国民经济和社会发展服务

续表

增值税暂行条例	增值税法（草案）	增值税法（草案）二次审议稿	中华人民共和国增值税法
第一条 在中华人民共和国境内销售货物或者加工、修理修配劳务（以下简称劳务），销售服务、无形资产、不动产，以及进口货物的单位和个人，为增值税的纳税人，应当依照本条例缴纳增值税	第一条 在中华人民共和国境内（以下简称境内）销售货物、服务、无形资产、不动产（以下称应税交易），以及进口货物的单位和个人，为增值税的纳税人，应当依照本法规定缴纳增值税 销售货物、服务、无形资产、不动产，是指有偿转让货物、不动产的所有权，有偿提供服务，有偿转让无形资产的所有权或者使用权	第一条 在中华人民共和国境内（以下简称境内）销售货物、服务、无形资产、不动产（以下称应税交易），以及进口货物的单位和个人，为增值税的纳税人，应当依照本法规定缴纳增值税 销售货物、服务、无形资产、不动产，是指有偿转让货物、不动产的所有权，有偿提供服务，有偿转让无形资产的所有权或者使用权	第三条 在中华人民共和国境内（以下简称境内）销售货物、服务、无形资产、不动产（以下称应税交易），以及进口货物的单位和个人（包括个体工商户），为增值税的纳税人，应当依照本法规定缴纳增值税 销售货物、服务、无形资产、不动产，是指有偿转让货物、不动产的所有权，有偿提供服务，有偿转让无形资产的所有权或者使用权
	第二条 增值税工作应当贯彻落实党和国家路线方针政策、决策部署，为国民经济社会发展服务	第二条 增值税工作应当贯彻落实党和国家路线方针政策、决策部署，为国民经济社会发展服务	

续表

增值税暂行条例	增值税法（草案）	增值税法（草案）二次审议稿	中华人民共和国增值税法
	第三条 在境内发生应税交易，是指下列情形： （一）销售货物的，货物的起运地或者所在地在境内 （二）除本条第三项、第四项另有规定外，销售服务、无形资产的，服务、无形资产在境内消费，自然资源所在地在境内 （三）转让自然资源使用权的，自然资源所在地在境内 （四）销售金融商品在境内发行，或者销售方为境内单位和个人	第三条 在境内发生应税交易，是指下列情形： （一）销售货物的，货物的起运地或者所在地在境内 （二）销售或者租赁不动产、转让自然资源使用权的，自然资源所在地在境内 （三）销售金融商品在境内发行，或者销售方为境内单位和个人 （四）除本条第二项、第三项规定外，销售服务、无形资产的，服务、无形资产在境内消费，或者销售方为境内单位和个人	第四条 在境内发生应税交易，是指下列情形： （一）销售货物的，货物的起运地或者所在地在境内 （二）销售或者租赁不动产、转让自然资源使用权的，自然资源所在地在境内 （三）销售金融商品在境内发行，或者销售方为境内单位和个人 （四）除本条第二项、第三项规定外，销售服务、无形资产的，服务、无形资产在境内消费，或者销售方为境内单位和个人

续表

增值税暂行条例	增值税法（草案）	增值税法（草案）二次审议稿	中华人民共和国增值税法
	第四条　下列情形视同应税交易，应当依照本法规定缴纳增值税： （一）单位和个体工商户将自产或者委托加工的货物用于集体福利或者个人消费 （二）单位和个人无偿转让货物 （三）单位和个人赠与无形资产、不动产或者金融商品 （四）国务院财政、税务主管部门规定的其他情形	第四条　有下列情形之一的，视同应税交易，应当依照本法规定缴纳增值税： （一）单位和个体工商户将自产或者委托加工的货物用于集体福利或者个人消费 （二）单位和个体工商户无偿转让货物 （三）单位和个人无偿转让无形资产、不动产或者金融商品 （四）国务院规定的其他情形	第五条　有下列情形之一的，视同应税交易，应当依照本法规定缴纳增值税： （一）单位和个体工商户将自产或者委托加工的货物用于集体福利或者个人消费 （二）单位和个体工商户无偿转让货物 （三）单位和个人无偿转让无形资产、不动产或者金融商品
	第五条　下列情形不属于应税交易，不征收增值税： （一）员工为受雇单位或者雇主提供取得工资、薪金的服务 （二）收取行政事业性收费、政府性基金 （三）依照法律规定被征收、征用而取得补偿 （四）取得存款利息收入	第五条　有下列情形之一的，不属于应税交易，不征收增值税： （一）员工为受雇单位或者雇主提供取得工资、薪金的服务 （二）收取行政事业性收费、政府性基金 （三）依照法律规定被征收、征用而取得补偿 （四）取得存款利息收入	第六条　有下列情形之一的，不属于应税交易，不征收增值税： （一）员工为受雇单位或者雇主提供取得工资、薪金的服务 （二）收取行政事业性收费、政府性基金 （三）依照法律规定被征收、征用而取得补偿 （四）取得存款利息收入

附2 增值税法、（草案）二次审议稿、（草案）与增值税暂行条例对照表

续表

增值税暂行条例	增值税法（草案）	增值税法（草案）二次审议稿	中华人民共和国增值税法
第十一条 小规模纳税人发生应税销售行为，实行按照销售额和征收率计算应纳税额的简易办法，并不得抵扣进项税额。应纳税额计算公式： 应纳税额＝销售额×征收率 小规模纳税人的标准由国务院财政、税务主管部门规定	第六条 增值税为价外税，应税交易的销售额不包括增值税税额。纳税人发生应税交易应当按照一般计税方法计算缴纳增值税，小规模纳税人以及其他适用简易计税方法计算缴纳增值税的除外 小规模纳税人的标准以及适用简易计税方法的情形由国务院规定	第六条 增值税为价外税，应税交易的销售额不包括增值税税额。增值税税额，应当按照国务院的规定在交易凭证上单独列明	第七条 增值税为价外税，应税交易的销售额不包括增值税税额。增值税税额，应当按照国务院的规定在交易凭证上单独列明
		第七条 纳税人发生应税交易，应当按照一般计税方法，通过销项税额抵扣进项税额计算应纳税额，计算缴纳增值税；本法另有规定的除外 小规模纳税人以及符合国务院规定的纳税人，可以按照销售额和征收率计算应纳税额的简易计税方法，计算缴纳增值税	第八条 纳税人发生应税交易，应当按照一般计税方法，通过销项税额抵扣进项税额计算应纳税额，计算缴纳增值税；本法另有规定的除外 小规模纳税人可以按照销售额和征收率计算应纳税额的简易计税方法，计算缴纳增值税 中外合作开采海洋石油、天然气增值税的有关规定执行

续表

增值税暂行条例	增值税法（草案）	增值税法（草案）二次审议稿	中华人民共和国增值税法
		第八条 前条规定的小规模纳税人，是指年应征增值税销售额未超过五百万元的纳税人。小规模纳税人会计核算健全，能够提供准确税务资料，可以向主管税务机关办理登记，按照本法规定的一般计税方法计算缴纳增值税。根据国民经济和社会发展的需要，国务院可以对第一款规定的小规模纳税人的标准作出调整，报全国人民代表大会常务委员会备案	第九条 本法所称小规模纳税人，是指年应征增值税销售额未超过五百万元的纳税人。小规模纳税人会计核算健全，能够提供准确税务资料的，可以向主管税务机关办理登记，按照本法规定的一般计税方法计算缴纳增值税。根据国民经济和社会发展的需要，国务院可以对小规模纳税人的标准作出调整，报全国人民代表大会常务委员会备案
第二条 增值税税率： （一）纳税人销售货物、劳务、有形动产租赁服务或者进口货物，除本条第二项、第四项、第五项另有规定外，税率为17%	第二章 税 率 第七条 增值税税率： （一）纳税人销售货物、加工修理修配服务、有形动产租赁服务、进口货物，除本条第二项、第四项、第五项规定外，税率为百分之十三	第二章 税 率 第九条 增值税税率： （一）纳税人销售货物、加工修理修配服务、有形动产租赁服务、进口货物，除本条第二项、第四项、第五项规定外，税率为百分之十三	第二章 税 率 第十条 增值税税率： （一）纳税人销售货物、加工修理修配服务、有形动产租赁服务、进口货物，除本条第二项、第四项、第五项规定外，税率为百分之十三

续表

增值税暂行条例	增值税法（草案）	增值税法（草案）二次审议稿	中华人民共和国增值税法
（二）纳税人销售交通运输、邮政、基础电信、建筑、不动产租赁服务，销售不动产，转让土地使用权，销售或者进口下列货物，税率为11%： 1. 粮食等农产品、食用植物油、食用盐 2. 自来水、暖气、冷气、热水、煤气、石油液化气、天然气、二甲醚、沼气、居民用煤炭制品 3. 图书、报纸、杂志、音像制品、电子出版物 4. 饲料、化肥、农药、农机、农膜 5. 国务院规定的其他货物 （三）纳税人销售服务、无形资产，除本条第一项、第二项、第五项另有规定外，税率为6%	（二）纳税人销售交通运输、邮政、基础电信、建筑、不动产租赁服务，销售不动产，转让土地使用权，销售或者进口下列货物，除本条第四项、第五项规定外，税率为百分之九： 1. 农产品、食用植物油、食用盐 2. 自来水、暖气、冷气、热水、煤气、石油液化气、天然气、二甲醚、沼气、居民用煤炭制品 3. 图书、报纸、杂志、音像制品、电子出版物 4. 饲料、化肥、农药、农机、农膜 （三）纳税人销售服务、无形资产，除本条第一项、第二项、第五项规定外，税率为百分之六	（二）纳税人销售交通运输、邮政、基础电信、建筑、不动产租赁服务，销售不动产，转让土地使用权，销售或者进口下列货物，除本条第四项、第五项规定外，税率为百分之九： 1. 农产品、食用植物油、食用盐 2. 自来水、暖气、冷气、热水、煤气、石油液化气、天然气、二甲醚、沼气、居民用煤炭制品 3. 图书、报纸、杂志、音像制品、电子出版物 4. 饲料、化肥、农药、农机、农膜 （三）纳税人销售服务、无形资产，除本条第一项、第二项、第五项规定外，税率为百分之六	（二）纳税人销售交通运输、邮政、基础电信、建筑、不动产租赁服务，销售不动产，转让土地使用权，销售或者进口下列货物，除本条第四项、第五项规定外，税率为百分之九： 1. 农产品、食用植物油、食用盐 2. 自来水、暖气、冷气、热水、煤气、石油液化气、天然气、二甲醚、沼气、居民用煤炭制品 3. 图书、报纸、杂志、音像制品、电子出版物 4. 饲料、化肥、农药、农机、农膜 （三）纳税人销售服务、无形资产，除本条第一项、第二项、第五项规定外，税率为百分之六

续表

增值税暂行条例	增值税法（草案）	增值税法（草案）二次审议稿	中华人民共和国增值税法
（四）纳税人出口货物，税率为零；但是，国务院另有规定的除外。（五）境内单位和个人跨境销售国务院规定范围内的服务、无形资产，税率为零，由国务院决定调整	（四）纳税人出口货物，税率为零；但是，国务院另有规定的除外。（五）境内单位和个人跨境销售国务院规定范围内的服务、无形资产，税率为零	（四）纳税人出口货物，税率为零；但是，国务院另有规定的除外。（五）境内单位和个人跨境销售国务院规定范围内的服务、无形资产，税率为零	（四）纳税人出口货物，税率为零；但是，国务院另有规定的除外。（五）境内单位和个人跨境销售国务院规定范围内的服务、无形资产，税率为零
第十二条 小规模纳税人增值税征收率为3%，国务院另有规定的除外	第八条 适用简易计税方法的增值税征收率为百分之三	第十条 适用简易计税方法计算缴纳增值税的征收率为百分之三	第十一条 适用简易计税方法计算缴纳增值税的征收率为百分之三
		第十一条 纳税人发生两项以上应税交易涉及不同税率、征收率的，应当分别核算适用不同税率、征收率的销售额；未分别核算的，从高适用税率	第十二条 纳税人发生两项以上应税交易涉及不同税率、征收率的，应当分别核算适用不同税率、征收率的销售额；未分别核算的，从高适用税率
		第十二条 纳税人发生一项应税交易涉及两个以上税率、征收率的，按照应税交易的主要业务适用税率、征收率	第十三条 纳税人发生一项应税交易涉及两个以上税率、征收率的，按照应税交易的主要业务适用税率、征收率

附2 增值税法、(草案)二次审议稿、(草案)与增值税暂行条例对照表

续表

增值税暂行条例	增值税法(草案)	增值税法(草案)二次审议稿	中华人民共和国增值税法
第十三条 小规模纳税人以外的纳税人应当向主管税务机关办理登记。具体登记办法由国务院税务主管部门制定。小规模纳税人会计核算健全,能够提供准确税务资料的,可以向主管税务机关办理登记,不作为小规模纳税人,依照本条例有关规定计算应纳税额			
第四条第一款 除本条例第十一条规定外,纳税人销售货物、劳务、服务、无形资产、不动产(以下统称应税销售行为),应纳税额为当期销项税额抵扣当期进项税额后的余额。应纳税额计算公式:应纳税额=当期销项税额-当期进项税额	第三章 应纳税额	第三章 应纳税额	第三章 应纳税额
	第九条 按照一般计税方法计算的应纳税额,为当期销项税额抵扣当期进项税额后的余额。按照简易计税方法计算的应纳税额,为当期销售额乘以征收率	第十三条 按照一般计税方法计算缴纳增值税的,应纳税额为当期销项税额抵扣当期进项税额后的余额	第十四条 按照一般计税方法计算缴纳增值税的,应纳税额为当期销项税额抵扣当期进项税额后的余额

续表

增值税暂行条例	增值税法（草案）	增值税法（草案）二次审议稿	中华人民共和国增值税法
第十一条第一款 小规模纳税人发生应税销售行为，实行按照销售额和征收率计算应纳税额的简易办法，并不得抵扣进项税额。应纳税额计算公式：应纳税额＝销售额×征收率	进口货物，按照本法规定的组成计税价格乘以适用税率计算缴纳增值税。组成计税价格加上关税和消费税；国务院另有规定的，从其规定	按照简易计税方法计算缴纳增值税的，应纳税额为当期销售额乘以征收率 进口货物，按照本法规定的组成计税价格乘以适用税率计算缴纳增值税。组成计税价格加上关税和消费税；国务院另有规定的，从其规定	按照简易计税方法计算缴纳增值税的，应纳税额为当期销售额乘以征收率 进口货物，按照本法规定的组成计税价格乘以适用税率计算缴纳增值税。组成计税价格加上关税和消费税；国务院另有规定的，从其规定
第十四条 纳税人进口货物，按照组成计税价格和本条例第二条规定的税率计算应纳税额。组成计税价格和应纳税额计算公式：组成计税价格＝关税完税价格＋关税＋消费税 应纳税额＝组成计税价格×税率			
第十八条 中华人民共和国境外的单位或者个人在境内销售劳务，在境内未设有经营机构的，以其境内代理人为扣缴义务人；在境内没有代理人的，以购买方为扣缴义务人	第十条 除国务院财政、税务主管部门另有规定外，境外单位和个人在境内发生应税交易，以购买方为扣缴义务人；扣缴义务人依照本法规定代扣代缴税款的，按照销售额乘以税率计算应扣缴税额	第十四条 境外单位和个人在境内发生应税交易，以购买方为扣缴义务人；扣缴义务人依照本法规定代扣代缴税款的，按照销售额乘以税率计算应扣缴税额	第十五条 境外单位和个人在境内发生应税交易，以购买方为扣缴义务人；按照国务院规定委托境内代理人申报缴纳税款的除外 扣缴义务人依照本法规定代扣代缴税款的，按照销售额乘以税率计算应扣缴税额

续表

增值税暂行条例	增值税法（草案）	增值税法（草案）二次审议稿	中华人民共和国增值税法
第五条 纳税人发生应税销售行为，按照销售额和本条例第二条规定的税率计算收取的增值税额，为销项税额。销项税额计算公式： 销项税额＝销售额×税率 第八条 纳税人购进货物、劳务、服务、无形资产、不动产支付或者负担的增值税额，为进项税额 下列进项税额准予从销项税额中抵扣： （一）从销售方取得的增值税专用发票上注明的增值税额 （二）从海关取得的海关进口增值税专用缴款书上注明的增值税额	第十一条 销项税额，是指纳税人发生应税交易，按照销售额乘以本法规定的税率计算的增值税税额	第十五条 销项税额，是指纳税人发生应税交易，按照销售额乘以本法规定的税率计算的增值税税额 进项税额，是指纳税人购进与应税交易相关的货物、服务、无形资产、不动产支付或者负担的增值税税额	第十六条 销项税额，是指纳税人发生应税交易，按照销售额乘以本法规定的税率计算的增值税税额 进项税额，是指纳税人购进货物、服务、无形资产、不动产支付或者负担的增值税税额

续表

增值税暂行条例	增值税法（草案）	增值税法（草案）二次审议稿	中华人民共和国增值税法
（三）购进农产品，除取得增值税专用发票或者海关进口增值税专用缴款书外，按照农产品收购发票或者销售发票上注明的农产品买价和11%的扣除率计算的进项税额，国务院另有规定的除外。进项税额计算公式： 进项税额=买价×扣除率 （四）自境外单位或者个人购进劳务、服务、无形资产、不动产或者境内的不动产，从税务机关或者扣缴义务人取得的代扣代缴税款的完税凭证上注明的增值税税额 准予抵扣的项目和扣除率的调整，由国务院决定	进项税额，是指纳税人购进与应税交易相关的货物、服务、无形资产、不动产支付或者负担的增值税税额	纳税人应当凭法律、行政法规或者国务院规定的增值税扣税凭证从销项税额中抵扣进项税额	纳税人应当凭法律、行政法规或者国务院规定的增值税扣税凭证从销项税额中抵扣进项税额

附2 增值税法、(草案)二次审议稿、(草案)与增值税暂行条例对照表

续表

增值税暂行条例	增值税法(草案)	增值税法(草案)二次审议稿	中华人民共和国增值税法
第六条第一款 销售额为纳税人发生应税销售行为收取的全部价款和价外费用,但是不包括收取的销项税额	第十二条 销售额,是指纳税人发生应税销售交易取得的与之相关的价款,包括全部货币或者非货币形式的经济利益,不包括按照一般计税方法计算的销项税额和按照简易计税方法计算的应纳税额。特殊情况下,可以按照差额计算销售额	第十六条 销售额,是指纳税人发生应税销售交易取得的与之相关的价款,包括货币和非货币形式对应的经济利益,不包括按照一般计税方法计算的销项税额和按照简易计税方法计算的应纳税额。国务院对特殊情况下差额计算销售额另有规定的,从其规定	第十七条 销售额,是指纳税人发生应税销售交易取得的与之相关的价款,包括货币和非货币形式对应的经济利益,不包括按照一般计税方法计算的销项税额和按照简易计税方法计算的应纳税额
第六条第二款 销售额以人民币计算。纳税人以人民币以外的货币结算销售额的,应当折合成人民币计算	第十三条 销售额以人民币计算。纳税人以人民币以外的货币结算销售额的,应当折合成人民币计算	第十七条 销售额以人民币计算。纳税人以人民币以外的货币结算销售额的,应当折合成人民币计算	第十八条 销售额以人民币计算。纳税人以人民币以外的货币结算销售额的,应当折合成人民币计算
	第十四条 发生本法第四条规定的视同应税交易以及销售额为非货币形式的,纳税人应当按照市场价格确定销售额	第十八条 发生本法第四条规定的视同应税交易以及销售额为非货币形式的,纳税人应当按照市场价格确定销售额	第十九条 发生本法第五条规定的视同应税交易以及销售额为非货币形式的,纳税人应当按照市场价格确定销售额

续表

增值税暂行条例	增值税法（草案）	增值税法（草案）二次审议稿	中华人民共和国增值税法
第七条　纳税人发生应税销售行为的价格明显偏低并无正当理由的，由主管税务机关核定其销售额	第十五条　纳税人销售额明显偏低或者偏高且无正当理由的，由主管税务机关按照法规规定的方法核定其销售额	第十九条　纳税人销售额明显偏低或者偏高且无正当理由的，税务机关可以依照《中华人民共和国税收征收管理法》和有关行政法规的规定核定其销售额	第二十条　销售额明显偏低或者偏高且无正当理由的，税务机关可以依照《中华人民共和国税收征收管理法》和有关行政法规的规定核定销售额
第四条第二款　当期销项税额小于当期进项税额不足抵扣时，其不足部分可以结转下期继续抵扣	第十六条　当期进项税额大于当期销项税额的部分，可以结转下期继续抵扣或者予以退还，具体办法由国务院财政、税务主管部门规定	第二十条　当期进项税额大于当期销项税额的部分，纳税人可以选择结转下期继续抵扣或者申请退还。具体办法由国务院规定	第二十一条　当期进项税额大于当期销项税额的部分，纳税人可以按照国务院的规定选择结转下期继续抵扣或者申请退还
第九条　纳税人购进货物、劳务、服务、无形资产、不动产，取得的增值税扣税凭证不符合法律、行政法规或者国务院税务主管部门规定的，其进项税额不得从销项税额中抵扣	纳税人凭税法、行政法规或者国务院税务主管部门规定的增值税扣税凭证从销项税额中抵扣进项税额		

附2 增值税法、(草案)二次审议稿、(草案)与增值税暂行条例对照表 275

续表

增值税暂行条例	增值税法(草案)	增值税法(草案)二次审议稿	中华人民共和国增值税法
第十条 下列项目的进项税额不得从销项税额中抵扣: (一)用于简易计税方法计税项目、免征增值税项目、集体福利或者个人消费的购进货物、劳务、服务、无形资产和不动产 (二)非正常损失的购进货物,以及相关的劳务和交通运输服务 (三)非正常损失的在产品、产成品所耗用的购进货物(不包括固定资产)、劳务和交通运输服务 (四)国务院规定的其他项目	第十七条 纳税人的下列进项税额不得从其销项税额中抵扣: (一)适用简易计税方法计税项目对应的进项税额 (二)免征增值税项目对应的进项税额 (三)非正常损失项目对应的进项税额 (四)购进并用于集体福利或者个人消费的货物、服务、无形资产、不动产对应的进项税额 (五)购进并直接用于消费的餐饮服务、居民日常服务和娱乐服务对应的进项税额 (六)国务院财政、税务主管部门规定的其他进项税额	第二十一条 纳税人的下列进项税额不得从其销项税额中抵扣: (一)适用简易计税方法计税项目对应的进项税额 (二)免征增值税项目对应的进项税额 (三)非正常损失项目对应的进项税额 (四)购进并用于集体福利或者个人消费的货物、服务、无形资产、不动产对应的进项税额 (五)购进并直接用于消费的餐饮服务、居民日常服务和娱乐服务对应的进项税额 (六)国务院规定的其他进项税额	第二十二条 纳税人的下列进项税额不得从其销项税额中抵扣: (一)适用简易计税方法计税项目对应的进项税额 (二)免征增值税项目对应的进项税额 (三)非正常损失项目对应的进项税额 (四)购进并用于集体福利或者个人消费的货物、服务、无形资产、不动产对应的进项税额 (五)购进并直接用于消费的餐饮服务、居民日常服务和娱乐服务对应的进项税额 (六)国务院规定的其他进项税额

续表

增值税暂行条例	增值税法（草案）	增值税法（草案）二次审议稿	中华人民共和国增值税法
第三条 纳税人兼营不同税率的项目，应当分别核算不同税率项目的销售额；未分别核算销售额的，从高适用税率	第十八条 纳税人选择适用简易计税方法的，计税方法一经确定，在规定期限内不得变更		
	第十九条 纳税人发生应税交易涉及两项以上应税交易涉及不同税率、征收率的，应当分别核算适用不同税率、征收率的销售额；未分别核算的，从高适用税率		
	第二十条 纳税人发生一项应税交易涉及两个以上税率、征收率的，按照应税交易的主要业务适用税率、征收率		
	第四章 税收优惠	第四章 税收优惠	第四章 税收优惠
第十七条 纳税人销售额未达到国务院财政、税务主管部门规定的增值税起征点的，免征增值税；达到起征点的，依照本条例规定全额计算缴纳增值税	第二十一条 纳税人发生应税交易，销售额未达到国务院规定的增值税起征点的，免征增值税；达到起征点的，依照本法规定全额计算缴纳增值税	第二十二条 纳税人发生应税交易，销售额未达到国务院规定的增值税起征点的，免征增值税；达到起征点的，依照本法规定全额计算缴纳增值税	第二十二条 小规模纳税人发生应税交易，销售额未达到征点的，免征增值税；达到征点的，依照本法规定全额计算缴纳增值税 前款规定的起征点标准由国务院规定，报全国人民代表大会常务委员会备案

附2 增值税法、(草案)二次审议稿、(草案)与增值税暂行条例对照表

续表

增值税暂行条例	增值税法(草案)	增值税法(草案)二次审议稿	中华人民共和国增值税法
第十五条 下列项目免征增值税： (一)农业生产者销售的自产农产品 (二)避孕药品和用具 (三)古旧图书 (四)直接用于科学研究、科学试验和教学的进口仪器、设备 (五)外国政府、国际组织无偿援助的进口物资和设备 (六)由残疾人的组织直接进口供残疾人专用的物品	第二十二条 下列项目免征增值税： (一)农业生产者销售的自产农产品、农业机耕、排灌、病虫害防治、植物保护、农牧保险以及相关技术培训业务，家禽、牲畜、水生动物的配种和疾病防治 (二)避孕药品和用具，医疗机构提供的医疗服务 (三)古旧图书，自然人销售的自己使用过的物品 (四)直接用于科学研究、科学试验和教学的进口仪器、设备 (五)外国政府、国际组织无偿援助的进口物资和设备 (六)由残疾人的组织直接进口供残疾人专用的物品，残疾人个人提供的服务	第二十三条 下列项目免征增值税： (一)农业生产者销售的自产农产品、农业机耕、排灌、病虫害防治、植物保护、农牧保险以及相关技术培训业务，家禽、牲畜、水生动物的配种和疾病防治 (二)避孕药品和用具，医疗机构提供的医疗服务 (三)古旧图书，自然人销售的自己使用过的物品 (四)直接用于科学研究、科学试验和教学的进口仪器、设备 (五)外国政府、国际组织无偿援助的进口物资和设备 (六)由残疾人的组织直接进口供残疾人专用的物品，残疾人个人提供的服务	第二十四条 下列项目免征增值税： (一)农业生产者销售的自产农产品、农业机耕、排灌、病虫害防治、植物保护、农牧保险以及相关技术培训业务，家禽、牲畜、水生动物的配种和疾病防治 (二)医疗机构提供的医疗服务 (三)古旧图书，自然人销售的自己使用过的物品 (四)直接用于科学研究、科学试验和教学的进口仪器、设备 (五)外国政府、国际组织无偿援助的进口物资和设备 (六)由残疾人的组织直接进口供残疾人专用的物品，残疾人个人提供的服务

续表

增值税暂行条例	增值税法（草案）	增值税法（草案）二次审议稿	中华人民共和国增值税法
（七）销售的自己使用过的物品 除前款规定外，增值税的免税项目由国务院规定。任何地区、部门均不得规定免税、减税项目	（七）托儿所、幼儿园、养老机构、残疾人福利机构提供的育养服务，婚姻介绍、殡葬服务 （八）学校提供的学历教育服务，学生勤工俭学提供的服务 （九）纪念馆、博物馆、文化馆、文物保护单位管理机构、美术馆、展览馆、书画院、图书馆举办文化活动的门票收入，宗教场所举办文化、宗教活动的门票收入 前款规定的免税项目具体标准由国务院规定	（七）托儿所、幼儿园、养老机构、残疾人福利机构提供的育养服务，婚姻介绍、殡葬服务 （八）学校提供的学历教育服务，学生勤工俭学提供的服务 （九）纪念馆、博物馆、文化馆、文物保护单位管理机构、美术馆、展览馆、书画院、图书馆举办文化活动的门票收入，宗教场所举办文化、宗教活动的门票收入 前款规定的免税项目具体标准由国务院规定	（七）托儿所、幼儿园、养老机构、残疾人服务机构提供的育养服务，婚姻介绍服务、殡葬服务 （八）学校提供的学历教育服务，学生勤工俭学提供的服务 （九）纪念馆、博物馆、文化馆、文物保护单位管理机构、美术馆、展览馆、书画院、图书馆举办文化活动的门票收入，宗教场所举办文化、宗教活动的门票收入 前款规定的免税项目具体标准由国务院规定
	第二十三条 根据国民经济和社会发展的需要，国务院可以制定增值税专项优惠政策，报全国人民代表大会常务委员会备案	第二十四条 根据国民经济和社会发展的需要，国务院对支持小微企业发展、扶持重点产业、鼓励创新创业就业等情形可以制定增值税专项优惠政策，报全国人民代表大会常务委员会备案	第二十五条 根据国民经济和社会发展的需要，国务院对支持小微企业发展、扶持重点产业、鼓励创新创业就业、公益事业捐赠等情形可以制定增值税专项优惠政策，报全国人民代表大会常务委员会备案 国务院应当对增值税优惠政策适时开展评估、调整

续表

增值税暂行条例	增值税法（草案）	增值税法（草案）二次审议稿	中华人民共和国增值税法
第十六条 纳税人兼营免税、减税项目的，应当分别核算免税、减税项目的销售额；未分别核算销售额的，不得免税、减税	第二十四条 纳税人兼营增值税优惠项目的，应当单独核算增值税优惠项目的销售额；未单独核算的，不得享受税收优惠	第二十四条 纳税人兼营增值税优惠项目的，应当单独核算增值税优惠项目的销售额；未单独核算的，不得享受税收优惠	第二十六条 纳税人兼营增值税优惠项目的，应当单独核算增值税优惠项目的销售额；未单独核算的，不得享受税收优惠
	第二十五条 纳税人可以放弃增值税优惠。放弃优惠的，在规定期限内不得再享受该项税收优惠	第二十六条 纳税人可以放弃增值税优惠。放弃优惠的，在规定期限内不得再享受该项税收优惠	第二十七条 纳税人可以放弃增值税优惠；放弃优惠的，三十六个月内不得再享受该项税收优惠，小规模纳税人除外
	第五章 征收管理	第五章 征收管理	第五章 征收管理
第十九条 增值税纳税义务发生时间： （一）发生应税销售行为，为收讫销售款或者取得索取销售款凭据的当天；先开具发票的，为开具发票的当天	第二十六条 增值税纳税义务发生时间，按照下列规定确定： （一）发生应税交易，纳税义务发生时间为收讫销售款项或者取得销售款项索取凭据的当日；先开具发票的，为开具发票的当日	第二十七条 增值税纳税义务发生时间，按照下列规定确定： （一）发生应税交易，纳税义务发生时间为收讫销售款项或者取得销售款项索取凭据的当日；先开具发票的，为开具发票的当日	第二十八条 增值税纳税义务发生时间，按照下列规定确定： （一）发生应税交易，纳税义务发生时间为收讫销售款项或者取得销售款项索取凭据的当日；先开具发票的，为开具发票的当日

续表

增值税暂行条例	增值税法（草案）	增值税法（草案）二次审议稿	中华人民共和国增值税法
（二）进口货物，为报关进口的当天 增值税扣缴义务发生时间为纳税人增值税纳税义务发生的当天	（二）视同发生应税交易，纳税义务发生时间为视同发生应税交易完成的当日 （三）进口货物，纳税义务发生时间为货物进入关境的当日 增值税扣缴义务发生时间为纳税人增值税纳税义务发生的当日	（二）发生视同应税交易，纳税义务发生时间为视同完成应税交易的当日 （三）进口货物，纳税义务发生时间为货物报关进口的当日 增值税扣缴义务发生时间同为纳税人增值税纳税义务发生的当日	（二）发生视同应税交易，纳税义务发生时间为视同完成应税交易的当日 （三）进口货物，纳税义务发生时间为货物报关进口的当日 增值税扣缴义务发生时间同为纳税人增值税纳税义务发生的当日
第二十二条 增值税纳税地点，按照下列规定确定： （一）固定业户应当向其机构所在地的主管税务机关申报纳税。总机构和分支机构不在同一县（市）的，应当分别向各自所在地的主管税务机关申报纳税；经国务院财政、税务主管部门或者其授权的财政、税务机关批准，可以由总机构汇总向总机构所在地的主管税务机关申报纳税	第二十七条 增值税纳税地点，按照下列规定确定： （一）有固定生产经营场所的纳税人，应当向其机构所在地的主管税务机关申报纳税。总机构和分支机构不在同一县（市）的，应当分别向各自所在地的主管税务机关申报纳税；经国务院财政、税务主管部门或者其授权的财政、税务机关批准，可以由总机构汇总向总机构所在地的主管税务机关申报纳税	第二十八条 增值税纳税地点，按照下列规定确定： （一）有固定生产经营场所的纳税人，应当向其机构所在地的主管税务机关申报纳税。总机构和分支机构不在同一县（市）的，应当分别向各自所在地的主管税务机关申报纳税；经国务院财政、税务主管部门或者其授权的财政、税务机关批准，可以由总机构汇总向总机构所在地的主管税务机关申报纳税	第二十九条 增值税纳税地点，按照下列规定确定： （一）有固定生产经营场所的纳税人，应当向其机构所在地的主管税务机关申报纳税。总机构和分支机构不在同一县（市）的，应当分别向各自所在地的主管税务机关申报纳税；经省级以上财政、税务主管部门批准，可以由总机构汇总向总机构所在地的主管税务机关申报纳税

续表

增值税暂行条例	增值税法（草案）	增值税法（草案）二次审议稿	中华人民共和国增值税法
（二）固定业户到外县（市）销售货物或者劳务，应当向其机构所在地的主管税务机关申请开具外出经营事项，并向其机构所在地的主管税务机关申报纳税；未开具证明的，应当向销售地或者劳务发生地的主管税务机关申报纳税；未向销售地或者劳务发生地的主管税务机关申报纳税的，由其机构所在地的主管税务机关补征税款。 （三）非固定业户销售货物或者劳务，应当向销售地或者劳务发生地的主管税务机关申报纳税；未向销售地或者劳务发生地的主管税务机关申报纳税的，由其机构所在地或者居住地的主管税务机关补征税款。 （四）进口货物，应当向报关地海关申报纳税。 扣缴义务人应当向其机构所在地或者居住地的主管税务机关申报缴纳其扣缴的税款。	（二）无固定生产经营场所的纳税人，应当向其应税交易发生地的主管税务机关申报纳税；未申报纳税的，由其机构所在地或者居住地的主管税务机关补征税款。 （三）自然人销售或者租赁不动产，转让自然资源使用权，提供建筑服务，应当向不动产所在地、自然资源所在地、建筑服务发生地的主管税务机关申报纳税。 （四）进口货物的纳税人，应当按照海关规定的地点申报纳税。 （五）扣缴义务人，应当向其机构所在地申报缴纳扣缴的税款；机构所在地在境外的，应当向应税交易发生地主管税务机关申报缴纳扣缴的税款。	（二）无固定生产经营场所的纳税人，应当向其应税交易发生地的主管税务机关申报纳税；未申报纳税的，由其机构所在地或者居住地的主管税务机关补征税款。 （三）自然人销售或者租赁不动产，转让自然资源使用权，提供建筑服务，应当向不动产所在地、自然资源所在地、建筑服务发生地的主管税务机关申报纳税。 （四）进口货物的纳税人，应当按照海关规定的地点申报纳税。 （五）扣缴义务人，应当向其机构所在地申报缴纳扣缴的税款；机构所在地在境外的，应当向应税交易发生地主管税务机关申报缴纳扣缴的税款。	（二）无固定生产经营场所的纳税人，应当向其应税交易发生地的主管税务机关申报纳税；未申报纳税的，由其机构所在地或者居住地的主管税务机关补征税款。 （三）自然人销售或者租赁不动产，转让自然资源使用权，提供建筑服务，应当向不动产所在地、自然资源所在地、建筑服务发生地的主管税务机关申报纳税。 （四）进口货物的纳税人，应当按照海关规定的地点申报纳税。 （五）扣缴义务人，应当向其机构所在地申报缴纳扣缴的税款；机构所在地在境外的，应当向应税交易发生地主管税务机关申报缴纳扣缴的税款。

续表

增值税暂行条例	增值税法（草案）	增值税法（草案）二次审议稿	中华人民共和国增值税法
第二十三条 增值税的纳税期限分别为1日、3日、5日、10日、15日、1个月或者1个季度。纳税人的具体纳税期限，由主管税务机关根据纳税人应纳税额的大小分别核定；不能按固定期限纳税的，可以按次纳税。纳税人以1个月或者1个季度为1个纳税期的，自期满之日起15日内申报纳税；以1日、3日、5日、10日或者15日为1个纳税期的，自期满之日起5日内预缴税款，于次月1日起15日内申报纳税并结清上月应纳税款。扣缴义务人解缴税款的期限，依照前两款规定执行	第二十八条 增值税的计税期间分别为十日、十五日、一个月或者一个季度。纳税人的具体计税期间，由主管税务机关根据纳税人应纳税额的大小分别核定。不经常发生交易的纳税人，可以按次纳税。纳税人以一个计税期间为一个纳税期的，自期满之日起十五日内申报纳税；以十日或者十五日为一个计税期间的，自次月一日起十五日内申报纳税。扣缴义务人解缴税款的计税期间和申报纳税期限，依照前两款规定执行	第二十九条 增值税的计税期间分别为十日、十五日、一个月或者一个季度。纳税人的具体计税期间，由主管税务机关根据纳税人应纳税额的大小分别核定。不经常发生交易的纳税人，可以按次纳税。纳税人以一个计税期间为一个纳税期的，自期满之日起十五日内申报纳税；以十日或者十五日为一个计税期间的，自次月一日起十五日内申报纳税。扣缴义务人解缴税款的计税期间和申报纳税期限，依照前两款规定执行	第三十条 增值税的计税期间分别为十日、十五日、一个月或者一个季度。纳税人的具体计税期间，由主管税务机关根据纳税人应纳税额的大小分别核定。不经常发生交易的纳税人，可以按次纳税。纳税人以一个计税期间为一个纳税期的，自期满之日起十五日内申报纳税；以十日或者十五日为一个计税期间的，自次月一日起十五日内申报纳税。扣缴义务人解缴税款的计税期间和申报纳税期限，依照前两款规定执行
第二十四条 纳税人进口货物，应当自海关填发海关进口增值税专用缴款书之日起15日内缴纳税款	纳税人进口货物，应当按照海关规定的期限之日起十五日内完成申报并缴纳税款	纳税人进口货物，应当按照海关规定的期限申报纳税，并自完成申报之日起十五日内缴纳税款	纳税人进口货物，应当按照海关规定的期限申报并缴纳税款

续表

增值税暂行条例	增值税法（草案）	增值税法（草案）二次审议稿	中华人民共和国增值税法
	第二十九条 纳税人应当按照规定预缴增值税，具体办法由国务院财政、税务主管部门制定	第三十条 纳税人以十日或者十五日为一个计税期间的，应当自期满之日起五日内预缴税款 法律、行政法规对纳税人预缴税款另有规定的，从其规定	第三十一条 纳税人以十日或者十五日为一个计税期间的，应当自期满之日起五日内预缴税款 法律、行政法规对纳税人预缴税款另有规定的，从其规定
第二十条 增值税由税务机关征收，进口货物的增值税由海关代征 个人携带或者邮寄进境自用物品的增值税，连同关税一并计征。具体办法由国务院关税税则委员会会同有关部门制定	第三十条 增值税由税务机关征收，进口货物的增值税由海关代征 海关应当将代征增值税和货物出口报关的信息提供给税务机关 个人携带或者寄递进境物品增值税的计征办法由国务院制定	第三十一条 增值税由税务机关征收，进口货物的增值税由海关代征 海关应当将代征增值税和货物出口报关的信息提供给税务机关 个人携带或者寄递进境物品增值税的计征办法由国务院制定	第三十二条 增值税由税务机关征收，进口货物的增值税由海关代征 海关应当将代征增值税和货物出口报关的信息提供给税务机关

续表

增值税暂行条例	增值税法（草案）	增值税法（草案）二次审议稿	中华人民共和国增值税法
第二十五条 纳税人出口货物适用退（免）税规定的，应当向海关办理出口手续，凭出口报关单等有关凭证，在规定的出口退（免）税申报期内按月向主管税务机关申报办理该项出口货物的退（免）税；境内单位和个人跨境销售服务和无形资产适用退（免）税规定的，应当按期向主管税务机关申报办理退（免）税。具体办法由国务院财政、税务主管部门制定 出口货物办理退税后发生退货或者退关的，纳税人应当依法补缴已退的税款	第三十一条 纳税人出口货物或者跨境销售服务、无形资产，适用零税率的，应当向主管税务机关申报办理退（免）税。出口退（免）税的具体办法，由国务院税务主管部门制定	第三十二条 纳税人出口货物或者跨境销售服务、无形资产，适用零税率的，应当向主管税务机关申报办理退（免）税。出口退（免）税的具体办法，由国务院制定	第三十三条 纳税人出口货物或者跨境销售服务、无形资产，适用零税率的，应当向主管税务机关申报办理退（免）税。出口退（免）税的具体办法，由国务院制定

续表

增值税暂行条例	增值税法（草案）	增值税法（草案）二次审议稿	中华人民共和国增值税法
第二十一条 纳税人发生应税销售行为，应当向索取增值税专用发票的购买方开具增值税专用发票，并在增值税专用发票上分别注明销售额和销项税额。属于下列情形之一的，不得开具增值税专用发票： （一）应税销售行为的购买方为消费者个人的 （二）发生应税销售行为适用免税规定的	第三十二条 纳税人应当依法开具和使用增值税发票。增值税发票包括纸质发票和电子发票。电子发票与纸质发票具有同等法律效力。 国家积极推广使用电子发票	第三十三条 纳税人应当依法开具和使用增值税发票。增值税发票包括纸质发票和电子发票。电子发票与纸质发票具有同等法律效力。 国家积极推广使用电子发票	第三十四条 纳税人应当依法开具和使用增值税发票。增值税发票包括纸质发票和电子发票。电子发票与纸质发票具有同等法律效力。 国家积极推广使用电子发票
	第三十三条 有关部门应当依照法律、行政法规和各自职责，支持、协助税务机关开展增值税征收管理。税务机关与工业和信息化、公安、海关、市场监管、人民银行、金融监督管理等部门应当建立增值税涉税信息共享机制和工作配合机制	第三十四条 税务机关与工业和信息化、公安、海关、市场监督管理、人民银行、金融监督管理等部门建立增值税涉税信息共享机制和工作配合机制。有关部门应当依照法律、行政法规，在各自职责范围内，支持、协助税务机关开展增值税征收管理	第三十五条 税务机关与工业和信息化、公安、海关、市场监督管理、人民银行、金融监督管理等部门建立增值税涉税信息共享机制和工作配合机制。有关部门应当依照法律、行政法规，在各自职责范围内，支持、协助税务机关开展增值税征收管理

续表

增值税暂行条例	增值税法（草案）	增值税法（草案）二次审议稿	中华人民共和国增值税法
第二十六条 增值税的征收管理，依照《中华人民共和国税收征收管理法》及本条例有关规定执行	第三十四条 除本法规定外，增值税的征收管理依照《中华人民共和国税收征收管理法》的规定执行	第三十五条 增值税的征收管理依照本法和《中华人民共和国税收征收管理法》的规定执行	第三十六条 增值税的征收管理依照本法和《中华人民共和国税收征收管理法》的规定执行
	第三十五条 纳税人、扣缴义务人、税务机关及其工作人员违反本法规定的，依照《中华人民共和国税收征管法》和有关法律、行政法规的规定追究法律责任	第三十六条 纳税人、扣缴义务人、税务机关及其工作人员违反本法规定的，依照《中华人民共和国税收征管法》和有关法律、行政法规的规定追究法律责任	第三十七条 纳税人、扣缴义务人、税务机关及其工作人员违反本法规定的，依照《中华人民共和国税收征管法》和有关法律、行政法规的规定追究法律责任
	第六章 附 则	第六章 附 则	第六章 附 则
第二十七条 纳税人缴纳增值税的有关事项，国务院或者国务院财政、税务主管部门经国务院同意另有规定的，依照其规定			
第二十八条 本条例自2009年1月1日起施行	第三十六条 本法自 年 月日起施行。2008年11月10日国务院公布的《中华人民共和国增值税暂行条例》同时废止	第三十七条 本法自 年 月日起施行。《中华人民共和国增值税暂行条例》同时废止	第三十八条 本法自2026年1月1日起施行。《中华人民共和国增值税暂行条例》同时废止

致 谢

感谢大力税手各地法税协作办公室团队及来源单位的支持

（截至 2025 年 4 月 28 日）

日照办公室　王丽艳　山东中翰众诚税务师事务所有限公司
太原办公室　王爱红　山西中翰明基税务师事务所有限公司
广州办公室　杨国涛　广州中翰锦源税务师事务所有限公司
温州办公室　胡锋　　中润税务师事务所（温州）有限公司
南通办公室　徐进　　南通中翰国源税务师事务所有限公司
杭州办公室　蔡琼　　杭州萧瑞信息技术有限公司
昆明办公室　刘荣　　昆明有格税务师事务所有限公司
吉安办公室　刘剑　　吉安中翰税务师事务所有限公司
西安办公室　李萍　　陕西御思宸税务师事务所有限公司
郑州办公室　范兴茂　北京市盈科（郑州）律师事务所
上海办公室　王祥　　上海众慧财务咨询有限公司
临沂办公室　王秀娟　山东中翰东方税务师事务所有限公司
天津办公室　李存周　天津中翰英特税务师事务所有限公司
潍坊办公室　张宗秀　山东永大致诚税务师事务所有限公司
天津办公室　高超　　北京盈科（天津）律师事务所
成都办公室　庄元红　四川中翰华沅税务师事务所有限公司
沈阳办公室　胡蓉辉　辽宁中翰税兴通税务师事务所（普通合伙）

秦皇岛办公室	吴鸿雁	河北中翰钧正税务师事务所有限责任公司
南京办公室	薛行生	南京中瀚通华会计师事务所有限公司
岳阳办公室	王琼	岳阳诚税税务师事务所有限公司
深圳办公室	李艳艳	深圳钧正税务师事务所有限责任公司
大湾区办公室	段冀	广州汇港数字科技有限公司
苏州办公室	朱鱼翔	瑞安达税务师事务所江苏有限公司
苏州办公室	雷立平	德睿立信（苏州）税务师事务所有限公司
南宁办公室	陆国庆	广西微风启科技有限公司
乌鲁木齐办公室	郭新学	新疆博凯同欣税务师事务所（普通合伙）
上海办公室	王宁	上海中翰沪益税务师事务所有限公司
南宁办公室	张志军	华税税务师事务所（广西）有限公司
宁波办公室	张群	宁海弘毅税务师事务所（普通合伙）
长沙办公室	李涛	湖南中翰金帮税务师事务所有限公司
西安办公室	刘敏娟	陕西达瑞德税务师事务所有限责任公司
郑州办公室	王占伟	河南中翰盛胜税务师事务所有限公司
淮安办公室	蒋小娟	淮安非凡会计师事务所
重庆办公室	刘军	津联畅（重庆）会计咨询服务有限公司
唐山办公室	杨华昌	百事昌（唐山）财税服务有限公司
淄博办公室	刘海英	山东中翰双瑞税务师事务所有限公司
东莞办公室	刘巍	中职信（东莞）税务师事务所（普通合伙）
武汉办公室	伍海深	武汉博瑞天成税务师事务有限公司
武汉办公室	徐修运	湖北致通振业税务师事务所有限公司
北京办公室	刘嘉	中翰联合（北京）咨询服务有限公司
郑州办公室	连焕锋	河南信合税务师事务所有限公司
北京办公室	郭运威	北京南桦科技有限公司
承德办公室	郝建华	河北中税网瑞通税务师事务所有限公司

上海办公室	王友发	北京盈科（上海）律师事务所
惠州办公室	董亚文	广东臻和治律师事务所
石家庄办公室	张莹霞	班泰（石家庄）企业管理有限责任公司
哈尔滨办公室	刘珊珊	黑龙江京非泓茗企业管理有限公司
厦门办公室	蔡江东	谱航（厦门）税务师事务所有限公司
承德办公室	于佩芳	承德诚信税务师事务所（普通合伙）
昆明办公室	孔艺臻	战匠（云南）税务师事务所有限公司
沈阳办公室	安庆芳	北京市京师（沈阳）律师事务所
长沙办公室	梅芳	湖南秉诚税务师事务所有限公司
南昌办公室	康念	南昌厚杜管理有限公司
徐州办公室	倪虎	中鸿永信税务师事务所徐州有限公司
呼和浩特办公室	郝顺利	内蒙古中翰泽众税务师事务所有限责任公司
海口办公室	王书红	海南红日诚财税咨询管理有限公司
威海办公室	石纳语	盈科瑞诚税务师事务所（威海）有限公司
成都办公室	涂凯	成都中汇双生税务师事务所有限公司
上海办公室	张湄	问晓税务师事务所（上海）有限公司
中山办公室	赵述强	中山市中翰中正税务师事务所有限公司
福州办公室	陈仁	福州市鼓楼区中翰鑫溢税务师事务所有限公司
青岛办公室	武伟	青岛正业税务师事务所有限责任公司
武汉办公室	程键	江之都企业服务集团
北京办公室	魏俊星	贝贝嘉（北京）财税服务有限公司
任丘办公室	刘艳艳	任丘市博瑞凯通税务师事务所有限公司
济南办公室	李兵	山东赞国律师事务所
合肥办公室	郭鹏	中税（合肥）税务咨询有限公司
兰州办公室	李家乐	甘肃勤业税务师事务所有限公司